王春易

著

大单元
教学设计20讲

中国人民大学出版社

·北京·

第 3 讲
大单元教学设计的挑战

第 4 讲
核心素养不能直接作为单元目标

第5讲

单元内容不能只做加法，不做整合

第6讲

赋予问题设计更大的价值

前　言
大单元教学设计是新时代教师基本功

对教师来说，上课就要备课，备课就要进行教学设计。教学设计是教师的常态工作，本身就是教师的基本功。

那么，为什么还要说"大单元教学设计是新时代教师基本功"？

这里有两个关键词，一个是"大单元"，一个是"新时代"。

- 大单元"大"在何处？
- 新时代"新"在哪里？
- 大单元教学设计与新时代是什么关系？
- 为什么新时代教师要掌握大单元教学设计？
- 大单元教学应该如何设计？
- 大单元教学设计与传统单元教学设计有何不同？
- 大单元教学设计的重点和难点在哪里？
- 如何应对大单元教学设计带来的挑战？

⋯⋯⋯⋯⋯

本书对标国家新课程标准，直面在课堂上落实核心素养的困难与挑战，围绕大单元教学设计的思路与方法、流程与环节、重点与难点、评估与反思，和教师展开对话与交流。

也就是说，本书意在从不同层面、不同维度解析如何通过大单元教学设计，在课堂上落实核心素养，实施高质量课程育人。

一、大单元教学设计是一种教育价值观

大单元教学设计，不仅是一种具体的教学设计方式，更是一种教学设计理念、一种思维方式，体现了"以学生发展为中心的"教育价值观。

如何促进学生发展？新课程标准指明了方向，就是通过课程的有效实施，落实核心素养，帮助学生通过课程的学习，逐步形成正确价值观、必备品格和关键能力。这是新时代课程育人价值的集中体现。

大单元教学，正是站在课程的高度，立足核心素养，还原教育与教学本质，让教师从学科立场转向教育立场，以课程育人为中心进行教学设计。它是在课堂上落实核心素养的有效手段，是实现课程育人的重要路径。

这样认识大单元教学，就会理解它不是可做可不做的，也不应该存在能不能做的质疑。因为落实核心素养、实施课程育人是教师的责任与使命，每位教师都应该探索如何在课堂上将其有效落实。

本书第 1—3 讲，正面回答了大单元教学设计"是什么"和"为什么"的问题。

第 16—18 讲，则分析了大单元教学与大概念教学、项目式学习、深度学习等其他教学方式的关系，侧面回应了"为什么要进行大单元教学设计"，帮助教师解除困惑。

二、大单元教学设计有一套方法论

大单元教学不是课时教学的简单合并，不是教材章节的机械叠加，也不是确定了主题，就能很好地实现，一个"大"字蕴含着丰富的内容。在进行大单元教学设计时，从目标到内容，从情境到任务，从评估到诊断都有系统的方法论。

首先，大单元不是知识单元，而是素养单元。体现在目标上，就是要将知识目标上升为素养目标。知识目标是教师熟悉的，那素养目标又该如何体现、怎样描述呢？核心素养是高度概括的，如何才能转化为具体、可操作的单元目标呢？

其次，大单元不是内容堆砌的单元，而是内容结构化的单元。那么，该如何构建单元？核心节点在哪里？应通过什么方式将相关知识连接起来？梳理单元知识的工具有哪些？为什么有了主题，也不一定能较好地实现大单元教学？

最后，大单元不仅是教学单元，更是学生的学习单元。学生应该学习什么内容？哪些内容对学生来说是重要的？怎样为学生设计学习任务？评估学生学习的方法有哪些？有效工具是什么？如何为学生学习提供资源和脚手架？怎样为学生提供有效反馈？

显然，要设计好大单元教学，需要学习、掌握相关知识和方法。

本书第4—10讲，从目标、内容、问题、任务、情境、评估、资源等方面覆盖大单元教学设计的关键环节，通过案例提供方法，介绍工具，呈现流程，提示误区。

第11讲，提供大单元教学设计的具体支架。

第12—15讲，针对作业、课时、流程三个方面，提出改进和优化路径，避免回到传统教学设计的老路。

三、大单元教学设计需要实践创新

大单元教学设计，是立足学生发展的教学设计，以落实核心素养为目标，以解决实际问题为中心，以核心大概念为框架，追求实现学生的深度学习。

教师应根据教学实际，不断实践，勇于探索和创新。大单元可以是学科内整合，可以是跨学科整合，也可以是项目式学习、大概念教学、深度学习、问题化学习，还可以突出工程思维进行 STEAM 教育……不论哪种方式，设计理念都是相通的，只是视角不同，侧重的维度不同。

在教学目标上，它们高度一致，都立足学生的成长与发展，以落实核心素养为目标，强调学科实践与问题解决。在组织形式上，课时教学很难为学生提供比较深入的学习体验，它们一般都要依赖单元来组织。在内部框架上，它们都需要通过核心大概念来统领，都要体现整体性与结构化。

本书第 19—20 讲，分析了大单元教学设计容易陷入的误区，以及如何对大单元教学设计本身进行评估和反思。一方面，为教师提供工具，规避设计误区。另一方面，也与大家共勉，在探索如何落实核心素养的路上，不断实践创新。

最后，温馨提示大家：打开本书，您既可以从第 1 讲开始，依次系统阅读；也可以根据教学中的问题和困惑，选择性阅读相关内容；更可以将其作为一本教学指南，随时翻阅。相信不论以哪种方式阅读，这本书都会给您以启发和帮助。

第1讲
大单元教学设计不全是新事物

什么是单元教学设计？什么又是大单元教学设计？两者有何不同？

让我们回望历史，反思过往，立足当下，再出发。

❈ 梳理单元教学设计发展历程，了解国内外单元教学。

❈ 反思过去的单元教学设计方案，分析其局限性与成因。

❈ 立足当下，理解新时代大单元教学设计的新内涵。

当前，人们对大单元教学设计存有不少困惑：

①教材大都是按照单元编写的，平时也经常进行单元教学，为什么还要倡导大单元教学设计？

②大单元教学设计与普通的单元教学设计到底有何不同？

③究竟应该如何进行大单元教学设计？

确实，单元教学设计由来已久，在日常教学中，教师也经常进行单元教学设计。但是，此单元非彼单元，一个"大"字内涵丰富。

一、单元教学设计由来已久

什么是单元呢？

单元就是一个基本单位，自成体系，一般不可再分。

就课堂教学来说，单元通常代表相对独立的学习模块，学习时间通常需要几天或几个星期。

所谓单元教学设计，就是将单元作为教学设计的基本单位，在单元层面对教学内容或某个主题进行整体规划和设计。与之对应的是课时教学设计，即以一节课的时间作为教学设计的基本单位，一般是按照45分钟进行的教学设计。

课时教学设计容易受时间节点的制约，单元教学设计则可以将一个单元的内容作为整体来设计，更容易凸显完整性和系统性。因此，很早教育前辈就提出单元教学设计的理念，并开发、设计了多种多样的单元。例如方法论单元、教学单元、项目单元、问题单元、活动单元等。

1. 国外单元教学设计侧重跨学科

德克乐利（Ovide Decroly）提出，单元教学设计应充分考虑儿童的需要和兴趣，先制定单元主题，然后根据主题组织教学内容，安排教学方式。这就是比较早的单元教学设计思想。

杜威（John Dewey）"从做中学"的思想，以及克伯屈（William Kilpatrick）提出的"设计教学法"，为单元教学的实施奠定了基础。他们主张取消分科教学和教材，不设置固定的课程内容，以学生发展为中心，以生活知识为主要内容，设计有意义的单元活动，让学生在实践中学习，通过活动以及不断自我改进、自我反思获得知识和经验。

随后，不断有新的教学思想和方法产生，推动单元教学向前发展。例如，布卢姆（Benjamin Bloom）提出"要将教授的内容整合为学生容易掌握的学习单元"，埃里克森（Lynn Erickson）提出"观念为本的整合课程设计"，威金斯（Grant Wiggins）和麦克泰格（Jay McTighe，又译为"麦克泰"）提出"指向大概念的逆向教学设计"，等等。发展至今，国外单元教学设计研究主要集中在跨学科领域。

目前，人类所面临的问题宽泛、复杂，依靠一门学科的内容不足以解决。针对现实问题，需要对两门及以上学科的理论、观点、技术和工具进行整合，需要多个学科通力合作。因此，多学科合作、跨学科学习成为单元教学设计的趋势。

2. 我国单元教学设计强调整体性和系统性

在我国，梁启超先生较早提出单元教学设计的理念。他曾针对语文教学提出"不能篇篇文章讲，须一组一组的讲"。这样的观点，实际上就是单元教学设计的雏形。

此后，随着教育思想的不断更新，单元教学设计思想在我国教育领域逐渐生根、发芽。改革开放后，经过多次课程改革，单元教学设计思想不断被教师接受，不少教师克服单篇课文、单一内容的讲解，进行了大量单元教学设计的探索。

进入 21 世纪，随着中国学生发展核心素养的颁布，随着高中新课程标准、义务教育新课程标准的实施，提升学生的核心素养成为课程实施的宗旨。

如何在课堂教学中实现课程的育人价值，让核心素养落地呢？大单元教学设计由于更有利于实现知识的整合，更有利于连接学生的个人生活与社会生活，被认为是推动课堂转型，落实核心素养的重要撬动点。

因此，单元教学设计的理念再次得到教师的积极响应。语文的整本书阅读单元、科学课程的探究单元、社会科学课程的跨学科研究单元，以及各个学科针对实际问题解决的项目式学习单元，不断涌现。

二、传统单元教学设计的局限性

在以往的教学中，教师往往会根据实际情况，不拘泥于固定课时，对教材内容进行整合，不自觉地进行单元教学设计。常见的有以下三种情况。

第一，将同一章下的几小节内容作为一个整体来处理，形成一个教学单元。例如，高中生物教材中，细胞的增殖、细胞的分化、细胞的衰老和凋亡这几部分内容，分属同一章的不同小节。教材是按照课时教学编写的，分别介绍了细胞从出生到死亡的过程。一般情况下，教师按照课时进行教学，让学生逐步了解细胞是如何增殖、怎样分化，最后又是如何走向衰老、凋亡的。有的教师则打破课时边界，将上述内容整合为一个单元进行教学，从整体上介绍细胞的一生。

第二，对不同章节甚至不同模块的内容进行整合，形成更大的教学单元。过去进行单元教学，初衷常常是为了节省课时，教师总想预留一些课时作为考试前的复习时间，于是，有的教师尝试在更大层面进行单元整合。

例如，高中生物必修模块与选修模块，有很多内容是相通的，通常教学设计是一个学期学习必修内容，另一个学期学习选修内容。由于教学时间紧张，或者考虑到实验材料的季节性，有的教师打通必修与选修的边界，对相关内容进行整合，形成一个更大的教学单元。

第三，以重要知识点为中心，组成复习单元。这种复习单元是教师上复习课时经常使用的。

例如，初中数学，有的教师会围绕"数的分类"组织复习课，将有理数和无理数、正数和负数、整数和分数等相关内容整合在一起。同样地，初中地理，有的教师会以"海洋"为关键词，将海洋的分布、海洋资源和四大洋等内容整合为一个复习单元。

上述三种单元教学探索带有偶然性，还不够系统。另外，这种整合出来的单元，用来落实核心素养，还存在相当的局限性。

1. 目标依旧聚焦知识层面

上述单元教学设计的目标，更多的还是聚焦知识层面，甚至很多时候，教师就是为了讲解更多知识才进行整合的。单元目标都是以学科内容为核心，教学重点、难点都是围绕学科知识展开。它们不是基于提升学生的核心素养，没有对学生应该具备的关键能力、必备品格和正确价值观提出明确要求。

2. 内容结构化程度不高

上述单元教学设计，教师会对知识进行梳理、总结、区分、比较，构建知识之间的联系，形成初步的知识链、知识网。然而，这种结构化是围绕现有知识组织的，没有概括出更加上位的学科核心大概念。从学科本质的角度思考，知识还是相对零散的，课程育人的价值难以充分体现。

3. 学习体验不够充分

上述单元教学设计，教学流程与课时教学大致相同，还是以教师讲解为主，或者设计一系列问题往前推进，学生相对被动，学习体验不够充分。它们没有设计更具挑战性的学习任务，激发学生的潜能；没有设计贯穿整个单元学习的核心问题，持续引发学生思考与探究。这样的单元依旧是方便教师讲解的教学单元，而不是给予学生更多自主权和学习体验的学习单元。

三、大单元教学设计的新内涵

不论国内还是国外，单元教学设计的理念和方法都在随时代变迁不断发展。自 2016 年中国学生发展核心素养颁布以来，新课程标准所倡导的大单元教学设计，已经不是一般意义上的单元教学设计。这样的大单元不是仅仅对教学内容进行简单整合的内容单元，不是以某个知识点串联起来的复习单元，也不是以教师设计问题来逐步推进的教学单元。

新时代的大单元教学设计是以落实核心素养为目标，以解决实际问题为中心，通过设计贯穿整个单元学习的真实学习任务，给予学生更多激发和挑战，为学生提供更深入的探究和应用体验。此时的大单元是立足学生发展而设计的，是可以实现学生深度学习的学习单元。

大单元教学设计的新内涵至少包含以下内容。

1. 以育人为中心

教书与育人本来是不可分割的。然而，长期对知识、技能的过度关注与评价，导致在教学过程中，教师对教书关注得更多。教师比较在意自己讲得如何、知识目标是否落实、学生的考试成绩如何，对具体的育人目标不够清晰。

大单元教学设计，要求教师站到课程的高度进行教学。教师需要重新思考课程实施的目的是什么，大单元教学实施后要达成的具体目标是什么。新课程标准所描述的课程理念、课程目标、课程实施（教学建议和评价建议）都指向核心素养，育人目标有了明确的方向和标准。

立足核心素养的大单元教学设计，回归了教育与教学的本质，使教师从学科立场转向教育立场，让育人成为中心。

2. 以学生学习为中心

大单元教学设计应该以学生为中心，基于学生的需求和发展来进行，充分体现学生的主体性与自主性。要将大单元设计成能够促进学生能力提升和综合发展的学习单元。

以学生学习为中心的大单元教学设计，需要教师花费更多精力和时间分析学生，研究学生，了解学生的需求，明确学生需要学习什么、应该掌握什么，重新思考单元的教学目标。

以学生学习为中心的大单元教学设计，需要教师回到学生视角，在研究如何教的同时研究学习过程，了解学生是如何学习的，知道如何评估学生的学习，懂得怎样为学生提供有效的反馈。

显然，沉浸在学科知识体系，仅仅围绕学科知识、围绕如何教进行单元教学设计，或以节省课时为目的进行单元整合，这些做法都不符合大单元教学设计的理念。

3. 以知识应用为中心

知识应用，在过去的单元教学设计中，常常处于点缀或者锦上添花的地位。一般情况下，教师只是点到为止。

新时代的大单元教学设计，强调真实的问题情境，强调对实际问题的解决。大单元教学设计不仅让学生学习相关知识，更要引导学生利用所学知识解决实际问题。此时，知识应用不是单元教学设计的点缀，而是重点与核心。

这样，学生的学习就由单纯的知识接受转向知识应用，学习过程也由简单的听、记、背、练变成去经历、体验、领悟，学生的思维也从识记、记忆走向更高阶的分析、评价和创造。在这样的过程中，学生的综合能力和核心素养得到培育与提升。

第2讲
大单元教学是核心素养的落地路径

中国学生发展核心素养，高屋建瓴，立体全面；学科核心素养，体现学科本质和学科育人价值。

这些内容，不仅需要全方位深入理解，更需要在实践中找到落地路径。

※ 核心素养内涵丰富，需要深入持久地理解。

※ 落实核心素养需要解决多方面的矛盾。

※ 大单元教学在落实核心素养上独具优势。

在教育教学实践中，教师在不断探索下列问题：

①核心素养如何落实到每天的课堂上？

②落实核心素养的有效路径是什么？

③大单元教学有哪些特点？为什么说它是核心素养的落地路径？

一、落实核心素养并不容易

这是由核心素养的丰富内容和三组矛盾决定的。

1. 核心素养内容丰富

核心素养具有不同层次与维度，需要深入理解。

2016 年，我国颁布"中国学生发展核心素养"，包括文化基础、自主发展、社会参与三个方面，综合表现为人文底蕴、科学精神、学会学习、健康生活、责任担当、实践创新六大素养，细化为 18 个基本要点，内容十分丰富。（见图 2-1）

根据"中国学生发展核心素养"这一总体框架，2017 年版普通高中课程标准将核心素养与各个学科建立了连接。各个学科基于学科本质，结合学科内容，凝练出了学科核心素养。例如，普通高中语文学科核心素养包括四个方面，分别是语言建构与运用、思维发展与提升、审美鉴赏与创造、文化传承与理解。

图 2-1 中国学生发展核心素养框架

2022 年版义务教育课程标准更加突出"学生"这一核心素养的发展主体，指出："核心素养是学生通过课程学习逐步形成的正确价值观、必备品格和关键能力，是课程育人价值的集中体现。"这一表述强调了核心素养的发展是所有学科课程的共同目标。

根据普通高中课程标准，教育部考试中心制定的《中国高考评价体系》在回答"考什么"的问题时，提出四个层次的高考考查内容，即"核心价值、学科素养、关键能力、必备知识"。综合这四个方面，本质上就是核心素养。

总之，不论是课程实施，还是考试评价，都聚焦核心素养。要使其在实践中落地，需要在理论上全方位理解，理解核心素养的内涵与价值取向，理解落实核心素养的意义和价值。

2. 存在三组矛盾

落实核心素养，在实践中还面临以下三组矛盾。

（1）核心素养的宏观性与教学内容具体性之间的矛盾

不论是中国学生发展核心素养，还是学科核心素养，其表述都高度凝练，宏观概括。而日常教学的内容则相对微观，每节课讲什么、学什么，都是具体的。这一矛盾成为核心素养落地的一道坎儿。

例如，今天的语文课是古诗词欣赏，涉及辛弃疾的《破阵子·为陈同甫赋壮词以寄之》、苏轼的《江城子·密州出猎》、范仲淹的《渔家傲·秋思》、秋瑾的《满江红》四首词。那么，如何将语文学科的核心素养与具体的教学内容建立联系呢？也就是说，如何在学习、欣赏这四首词的过程中，落实语言建构与运用、思维发展与提升、审美鉴赏与创造、文化传承与理解呢？这是必须解决的矛盾。

（2）核心素养的系统性与知识内容零散性之间的矛盾

教师一般按照教材内容组织教学，而教材又是按照课时设计的，这样的设计本身对知识的系统性就有一定影响。从揭示学科本质的角度来看，每个课时的知识内容是相对零散的，与核心素养的系统性构成矛盾。

核心素养的系统性，首先表现为它不是单一的知识点或技能，而是由多个知识点和技能组成的有机整体。例如，物理学科中的物理观念、科学思维、科学探究、科学态度与责任等核心素养，不可能仅靠学习几个零散的知识点，做几个实验就能培养。

核心素养的系统性，还表现为其各要素不是孤立的，而是相互关联、互相促进的。例如，高中生物学科四条核心素养，仅从"生命观念"这个维度出发，就可以看出彼此之间的密切联系。首先，"生命观念"的建立需要概念的支撑，而概念的形成途径是"科学探究"。其次，"生命观念"的建立需要以"科学思维"为工具。最后，"生命观念"的建立对价值观、品格的形成也起到支持作用，这就与"社会责任"建立起联系。

（3）核心素养的持续性与教学时间间断性之间的矛盾

核心素养是超越具体知识与技能的，是对知识与技能、情感态度与价值观等的融合，具有综合性。这就揭示核心素养的培育与提升不是一蹴而就的，需要不断积淀，是一个不断积累、持续进行的过程。而且这种持续性不仅表现在不同学段，不仅意味着学生的自然成长过程，还表现为学习实践活动的持续性。教师需要在具体学习过程中，持续为学生创设观察、探究、实验、交流、制作等实践活动。学生需要在学习实践中，在解决具体问题的过程中，不断经历、感受、感悟、体验，才可能内化为素养。

平时的课堂教学多数是 45 分钟一节课，教师往往按照一节课的时间来设计教学。因此，教师设计的活动一般不能太大，也不能太复杂，否则一节课时间学生就完不成。这种一节课一节课的教学无法进行更大项目的探究，学习实践活动也就不容易持久深入，这制约着核心素养在课堂上的落地。

二、大单元教学设计具有整体性

为什么大单元教学是核心素养落地的有效路径呢？一个重要原因是它是一种整体性的设计。它将单元主题、单元内容、单元学习任务和每节课的安排，作为一个整体来处理，能克服课时教学的局限性，弥补课时教学的不足，为落实核心素养提供可能。

1. 能实现目标整合

在提出核心素养之前，教师在教学设计时关注的是三维目标，即知识与技能、过程与方法、情感态度与价值观。

然而，在以课时为单位的教学中，在 45 分钟的时间内，教师要完成知识与技能的学习和训练，同时要关注过程与方法，还要将情感态度与价值观融入其中，实际上是很困难的。很多时候，三维目标在实际教学中特别容易割裂开来，真正得到落实的大多只有知识与技能目标。

大单元教学设计要将单元设计意图、单元目标、单元学习任务、单元评估作为一个整体进行统筹规划。统筹规划时要聚焦真实情境、问题解决、知识的迁移应用，这能促进三维目标的整合。

学生在解决问题的过程中，需要相关的知识与技能，还需要经历独立思考、分析判断、合作交流、探究实践等学习过程，同时也离不开旺盛的求知欲、科学严谨的态度、坚忍不拔的探索精神。这样，三维目标融合就能实现，单元目标就指向学生的综合能力和核心素养。

2. 能达成内容重组

课时教学中每节课的学习内容有限，虽然不同课时之间具有一定逻辑性，但它们相对独立。这容易造成学生只见树木，难见森林。

以语文学科为例，如果教师依照字、词、语句，一篇一篇地讲，有时候一篇课文就需要几节课才能学完。这样，既不容易做到对文本全貌的把握，也很难在更大背景下审视与思考。

大单元教学正好可以弥补这个弊端。

首先，大单元教学是整体设计的，此时的课时已不是过去孤立的课时，而是大单元教学视域下的课时。学习内容也不是相对零散的知识点，而是依据落实核心素养的大单元目标，对知识进行重组后的内容。

具体来说，大单元教学服务学生的成长和发展，重视核心大概念的建构和知识的应用。因此要依据单元目标，通过核心问题、核心任务，将多个知识点整合起来，概括出体现学科本质的核心大概念，形成能够达成单元目标的、更加完整的内容。

其次，新课程标准对课程内容的整合也做出了指导和引领。例如，普通高中数学课程标准，直接以单元的形式呈现课程内容；普通高中语文课程标准以学习任务群的形式呈现课程内容，提供了18个学习任务群。同时，普通高中课程方案还明确提出："重视以学科大概念为核心，使课程内容结构化，以主题为引领，使课程内容情境化，促进学科核心素养的落实。"

不论是以学科大概念为核心，还是以主题为引领，都在引导教师对知识内容进行整合，都要依赖大单元教学设计。

三、大单元教学设计体现了生活化

大单元教学设计，特别重视连接学生的生活，关注真实世界，常常结合生活中的实际问题展开。这是它能够落实核心素养的另一个原因。

1. 主题选择生活化

大单元教学设计，注重从学生的生活经验和兴趣出发，选择具有现实意义和实用价值的主题。这种生活化主题有助于激发学生的学习兴趣，有助于学生在实践和探索中学习知识、提高技能，还有助于学生在生活中身体力行，养成良好的生活习惯，提升综合品质，形成正确的价值观。

例如，合理饮食、运动健身、心理健康等是与健康生活相关的主题。学生不仅可以通过调查、实践和分享，了解健康生活的重要性，还可以通过制订自己的健康计划，逐渐养成健康的生活习惯。而垃圾分类、节能减排、生态保护等是与环境保护相关的主题。学生可以通过学科实践和探究，提高对环境保护重要性的认识，培养环境保护的意识。此外，社会实践主题、文化传承主题、科技与生活主题，等等，都可以促进学生对知识的应用，培养学生的社会责任感。

2. 活动设计生活化

大单元教学设计，注重将活动与学生的生活实际相结合，设计具有生活情境和实际应用价值的活动。这有助于学生通过活动加深对知识的理解和应用，提升核心素养。

例如，在初中道德与法治关于"友谊与成长同行"的学习中，教师根据学习目标，将所学知识、学习方法与学生的生活关联起来，设计了三个生活化的学习任务，通过创设任务情境、明确任务目标、提供任务指导，引导学生在活动中思考，在思考中学会做事。[①]

"友谊与成长同行"大单元教学设计

学习目标
1. 了解友谊的变化性和发展性。
2. 理解亲密友谊的重要特征。
3. 阐述友谊对成长的意义。

学习任务1：绘制"我的朋友圈"社交泡泡分布图
• 任务情境

从幼儿园、小学到中学，我在不同的集体中认识了不同的朋友。在成长过程中，我的朋友是变多了，还是变少了？和我的关系是近了，还是远了？

---

① 该案例由北京十一学校穆晨哲楠老师团队提供。

- 任务目标

能够通过绘图的方式，回顾不同成长阶段的好友数量、友谊亲密度，认识到友谊的变化特性（见下图）。

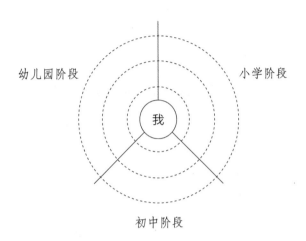

- 任务指导

用"社交泡泡"来代表你和朋友的友谊，泡泡离中心"我"的距离代表现实中朋友和我的亲疏程度，距离越近，表示友谊越亲密。

学习任务2：分享"朋友的影响力"故事

- 任务情境

近朱者赤，近墨者黑。交往密切的朋友往往会潜移默化地影响我们的言行、兴趣和认知。在交友过程中，你受到了哪些朋友的影响？他们给你带来了什么？

- 任务目标

能够通过分享与最亲密朋友的友谊故事，认识友谊对我们的重要影响，理解真正的友谊对成长的意义。

- 任务指导

请在社交泡泡分布图中，选出对自己产生影响最大的朋友所代表的社交泡泡，将其评为"天使泡泡"，并在下图中完成对天使泡泡的介绍，写下与这位好朋友交往的故事以及他 / 她对自己的影响，并和同学分享。

姓名：_____
与他 / 她认识的契机：_____
_____
交往中印象最深的一件事：_____
_____
他 / 她对我的影响：_____
_____

学习任务 3：完成"友谊评价榜"

· **任务情境**

年少的我们对友谊怀有各种各样的期待，也在友谊中坚持各自的原则。那么，你认为什么是值得称赞的朋友特质？什么是应当避免的朋友特质？

· **任务目标**

通过评价不同的友谊，能够认识"益友"和"损友"之间的差别，学会判别什么是真正的友谊。

· **任务指导**

列出你评价友谊的赞榜和踩榜，并与小组同学分享，找出你们答案的共性，为你们心中的好朋友点赞。（见下表）

友谊赞一赞（√）	友谊踩一踩（×）
1. 相互真诚对待 2. 包容、理解我 ……	1. 说话不算话 2. 不守时 ……

第3讲
大单元教学设计的挑战

大单元教学设计立足学生的成长与发展，以落实核心素养为目标，以解决实际问题为中心，以核心大概念为框架，需要突破传统单元教学设计的局限性，应对多方面的挑战。

❋ 大单元目标如何设计才够大？

❋ 大单元内容整合的聚焦点是什么？

❋ 学习任务设计可以从哪里切入？

❋ 大单元评估需要哪些突破？

立足核心素养，进行大单元教学设计，教师面临巨大挑战。例如，下列问题困扰着很多教师。

①大单元教学设计的"大"体现在哪些方面？

②如何衡量所设计的大单元是否够大？

③怎样应对大单元教学设计带来的挑战？

一、单元目标是否够大

单元教学设计，目标为先，大单元教学设计更是如此。目标是大单元教学设计的灵魂，单元内容整合、学习任务设计和单元评估设计都应聚焦于此。同时，目标还是衡量所设计的单元是否够大的一个重要指标。

那么，如何设计大单元目标呢？怎样设计，单元目标才够大呢？

1. 跨越知识目标

在教学目标的设计上，我们已经走过三个阶段。第一个是双基目标时代，第二个是三维目标时代，第三个是素养目标时代。

当前，虽然处在"素养目标"时代，但在大单元目标的设计上，人们的思维依旧停留在第一个或者第二个阶段。实现从知识目标向素养目标的跨越，仍面临巨大挑战。

例如，针对生物"细胞呼吸"这一内容，有以下两种单元目标设计：

单元目标 1

- 说出细胞呼吸的概念
- 说出细胞呼吸的场所
- 说出细胞呼吸的类型

…………

单元目标 2

- 知识与技能目标

掌握有关细胞呼吸的知识，包括细胞呼吸的概念、过程、意义等，提高推理判断的能力。

- 过程与方法目标

通过探究酵母菌的细胞呼吸，了解细胞呼吸的类型。

- 情感态度与价值观目标

培养实事求是、勇于探究的科学精神。

单元目标 1 依旧是"双基"思路，围绕教材中的每一个知识点，面面俱到。而学生究竟为什么要学习这些内容，通过学习这些内容能理解什么，能解决哪些实际问题，都没有设计。

单元目标 2 中，过程与方法目标，只涉及一个探究活动，没有呈现学习过程的全貌，也没有提及学习方法。情感态度与价值观目标没有和知识与技能目标、过程与方法目标相融合，略显空洞。虽以三维目标呈现，但最终能得到落实的还是知识与技能目标。

这样的目标设计在今天并不少见。可以说，在大单元目标设计上，教师还需要进一步更新观念，思考所教课程的价值和意义，立足核心素养，有效整合三维目标，实现从知识目标向素养目标的跨越。

2. 成为学习的引擎

大单元目标的设计，不仅要考虑教师教什么、怎样教，更要解决好学生学什么、怎样学的问题，要让单元目标成为启动学生学习的引擎。

首先，大单元目标要旗帜鲜明，站稳落实核心素养的定位。素养目标，能驱动教师转变教学方式，努力为学生提供积极参与的机会，提供深度思考、充分探究的机会，提供小组合作、分享交流的机会，让学生成为真正的学习者。

其次，大单元目标要具有综合性和承载力，立足学生成长和发展。这些要求能够促进教师多角度思考，为学生提供更加结构化的学习内容、更加丰富的学习资源、更具综合性和挑战性的学习任务，为学生的学习提供强大助推力。

例如，针对高中地理"区域的可持续发展"单元，下面提供两个不同的单元目标。借此我们可以反思不同的单元目标对学习的拉动作用不一样。

单元目标1

1. 能从区域整体性和关联性的角度为某个具体区域的可持续发展提出具体策略。

2. 能评估典型区域的发展策略。

3. 能理解区域划分的指标是多样的，不同类型的区域差异显著。区域内各要素的整体性和区域间的关联性是区域发展的关键。

4. 了解区域的种类与不同区域的差异，以及区域发展应考虑的要素。

单元目标2

1. 了解根据划分指标的不同，区域可以划分为不同的种类，且彼此之间有显著差异。

2. 理解区域发展要考虑区域内自然要素、经济要素、制度要素和精神要素等，以及区域间人流、物流、信息流和资本流等要素的关联，区域发展过程中各要素不协调就会产生资源、环境和发展问题。

3. 知道针对区域发展过程中的问题，应从经济、生态和社会三个角度提出对策。

单元目标1中第1条和第2条，不论是提策略，还是做评估，都是在应用知识，而且还要求为"具体区域"提出策略，或评估"典型区域"。这就需要学生了解其中的第4条，深入理解第3条中的核心概念。这样才能迁移所学的内容，在新情境中完成任务，实现上述目标。相对于单元目标2，单元目标1具有更大的挑战性和综合性，可以指导学生为解决实际问题而展开学习，避免陷入具体知识的机械记忆中。

二、单元内容是否越多越好

在大单元教学设计中，整合单元内容挑战巨大，仅靠教师个人常常难以完成，很多时候需要依靠集体的力量，依靠团队的集思广益、充分碰撞，才能实现对单元内容的有效整合。

我们要回到问题的原点进行思考。

1. 为什么要整合单元内容

知识点琐碎、零散，彼此之间的关系不够紧密，逻辑性不强。如果不进行整合，学生学习相对孤立的多个知识点后，就很难形成系统化的知识网络。因此，整合必不可少。需要注意的是，如果只是简单地将教材的不同章节加以合并，虽然内容的结构性增强了，但这样的整合，更多的是遵循学科逻辑，是学科的知识体系，不是解决问题的视角。当学生面临新的情境和问题时，依旧会捉襟见肘，找不到解决问题的基本策略和方法。

整合单元内容并不简单，不是内容越多越好，也不是将相关内容放在一起就可以。

2. 应围绕什么进行整合

通常，学生所学内容越具体，越接近事实本身，就越不具有普遍性，越不容易迁移；而所学内容越抽象，内涵越广泛，就越具有普遍性，越容易迁移。显然，学生应该重点学习那些具有迁移价值、统领性强的内容。

学科核心大概念之所以是内容整合的聚焦点，是因为它们一方面反映学科本质，具有统领性。另一方面，它们是连接核心素养与学科知识的桥梁，以它们为纽带，有利于知识的结构化，有利于知识的迁移应用。

然而，问题来了，在课程标准中，绝大多数学科都没有直接列出学科核心大概念。那么，如何围绕学科核心大概念整合单元内容呢？具体到学科，又会遇到以下两组问题的挑战。

A 组
1. 哪些概念是学科核心大概念？
2. 哪些概念反映了学科本质？
3. 学科的本质又是什么？

B 组

1. 如何从概念视角对学科内容进行分类？

2. 如何概括出学科核心大概念？

3. 如何围绕学科核心大概念整合单元内容？

A 组问题深入学科本质，挑战教师对学科本质的理解、对学科育人价值的定位。B 组问题是对 A 组问题的细化，同样没有现成的答案，没有拿来就能用的解决方法，挑战教师的专业能力和解决问题的能力。

三、单元活动设计不容易

活动设计是日常教学设计的重头戏，课堂上经常是通过一个个活动展开教学过程的，教师对此并不发愁。

常常是教师先有某个活动的创意，整节课的设计思路才应运而生。走进课堂，会发现各种花样繁多的活动，而此种现状，正是大单元活动设计面临的重要挑战。

1. 不能舍本逐末，盲目创新

毫无疑问，大单元活动设计出发点是单元目标，离开了单元目标，就是舍本逐末。活动再光鲜亮丽，新颖独特，离开了单元目标，也是无源之水、无本之木。

例如，在一个以"苹果"为主题的单元学习中，学生参与了各种相关活动。比如，搜集苹果树叶，制作叶子拼贴画；阅读有关苹果的故事，然后编写一个充满创意的有关苹果的故事；搜集有关苹果的词语，然后进行比赛；唱关于苹果的儿歌；观察、描述不同类型苹果的特征；到当地苹果园参观，并观看苹果汁的制作过程；制作苹果酱；

等等。

这个单元活动不可谓不丰富，不少活动也很有创意。在整个学习过程中，学生参与了多种动手操作活动，但是这些活动的价值却值得思考：通过这些活动，最终想达到什么目的？希望学生学习什么，理解什么，提高哪些技能，积淀什么素养？参加这些活动，学生知道自己的学习目标吗？

《追求理解的教学设计（第二版）》作者认为，这是盲目设计活动、忘却初衷的例子。这是典型的活动导向的课堂，是教学设计的误区。

通过上述案例，大家能感受到大单元活动设计所面临的挑战。我们设计的活动不仅要紧扣大单元目标，而且要能够承载落实核心素养的要求，还要能成为其实现的评估证据。这并不容易。

2. 不能一味突出学生参与，忽略意义思考

一味突出学生参与，忽略意义思考，这是大单元活动设计中常出现的情况。改变和突破这一点，是不小的挑战。

一段时间以来，大家都在强调课堂上要充分发挥学生的主体性，要让学生积极参与教学过程。于是，有些教师过度关注这一点，唯恐自己的课堂沉闷，设计的活动一个接一个，课堂热热闹闹，但是忽略了思考活动背后的意义，忽略了学生在课堂上更有价值的收获。

教师需要反思：设计活动的初衷是什么？所设计活动的思维含量如何？所设计的活动是否具有深度和广度？是否具有开放性？是否促进了学生思考，促进了学生思维品质的提升？学生动手的同时是否也动脑了？

例如，在学习"传统发酵技术的应用"这部分内容时，有教师设计了制作果酒的活动。学生用各自准备的水果，按照教师提供的操作

步骤，制作果酒。果酒制作成功后，班级举行品酒会，邀请老师、同学来品酒。

在上述活动进行过程中，学生兴高采烈，参与度很高。但在整个学习过程中，学生动手多，动脑少。在制作果酒过程中，学生按照步骤依次操作。那么，为什么按照这样的步骤操作呢？教师没有引导学生对此进行思考和交流。在品酒环节，学生认为自己制作的果酒只要有酒味就算成功了。至于酒味是怎样产生的，哪些因素会影响酒的品质，改变制作条件后会产生什么样的结果，等等，对这些可以促进学生深入思考和探究的内容，原设计都没有涉及。

四、单元评估需要创新

单元评估作为大单元教学设计的必要环节，在落实核心素养的背景下，需要更多创新，所面临的挑战一点儿也不比其他方面小。

1. 探究更多评估方式

目前，单元评估方式比较单一。探究更多评估方式，实现评估方式丰富化、评估维度多元化、评估主体多样化是教师面临的挑战。

对单元评估，教师最驾轻就熟的是单元检测。一个单元学习结束后，设计一份试卷检测一下，就可以大致判断出学生的掌握情况。这种评估方式是对单元教学所达成结果的检测，关注的是学习结果，对学生在学习过程中有什么困惑、教师在教学过程中有哪些问题，则缺乏把握。

另外，大单元教学设计是否达成了落实核心素养的单元目标？学生是否理解了学科核心大概念，是否学会了知识的迁移应用，是否学会了解决问题的思路和方法？……对这些内容的评估，仅靠单元检测这种方式显然不够。

在探索单元评估方式上，下列问题亟待突破。

①通过哪些评估方式，可以对学生的知识与技能、情感态度与价值观等进行全面评估？

②通过哪些评估方式，可以准确评估学生应用知识解决问题的能力？

③如何将评估方式与数字技术相结合，对学生进行更加科学、准确的评估？

④通过哪些评估方式，可以发现学生在单元学习过程中的问题？

⑤哪些评估方式可以兼顾教师、同伴、学生自己等不同的评估主体？

⑥如何通过评估，更好地帮助学生认识自我，树立信心？

2. 破解新难题

在大单元评估中，如何评估素养目标是否达成，是教师们普遍感觉困难的地方，也是大单元评估设计的难点。

其中一个原因是，教师心中总有一个固有模式，就是在大单元教学结束后再来评估素养目标的达成情况。因为传统的教学设计总是按照"制订计划—教学实施—结果评估"的流程来进行的。

而大单元教学设计强调以终为始，即确定单元目标后，就要思考如何进行单元评估。因此，教师需要思考：对学生学习的评估应该放在什么位置？应该如何将学生的学习过程转化为评估过程？学生在解决问题的过程中会有怎样的表现？在学生完成挑战性学习任务过程中，如何评估素养目标的达成情况？

另一个原因是，教师对评估工具的认识过于狭隘。不是只有试卷，不是只能依赖选择题、简答题才能评估素养目标的达成情况。核心素养作为超越知识与技能的一种综合品质，对它的考查和评估也应该是综合与多样的。

根据单元目标，教师可以突破常规评估工具的束缚，探究新的评估工具，如检查表、档案袋、概念图、思维导图、量规等，从多方面对教学进行评估，从多渠道搜集评估证据，为改进教学提供反馈，为发展学生的核心素养提供有效支持。

总之，大单元教学设计不是整合更多的知识，不是挑战更高的教学难度，不是规划更长的教学时间，大单元的"大"不体现在这些方面。

离开学生的发展，离开核心素养的落实，离开真实问题的解决，离开深入的学习体验，再"大"的单元教学设计也不是我们所倡导和追求的。

第4讲
核心素养不能直接作为单元目标

落实核心素养是课程实施的总目标，是大单元教学设计的基本宗旨和要求，是设计大单元目标的重要导向和原则。

大单元教学设计要以落实核心素养为目标，但核心素养本身不能直接作为单元目标。

❋ 核心素养和单元目标的特点不一样。

❋ 若直接将核心素养贴在单元目标上，将无法落实。

❋ 将核心素养转化为单元目标有工具，有方法。

从本讲开始，我们将针对大单元教学设计的具体问题展开分析和讨论。具体到设计单元目标，不少教师对下列问题感到很纠结。

①如何设计立足核心素养的单元目标？
②如何避免单元目标与教学过程两张皮？
③如何叙写落实核心素养的单元目标？

一、核心素养是课程实施的总目标

一门课程实施的总目标是什么？

就是落实核心素养，实现课程育人。这个定位需要特别明确。

新课程标准明确指出，学科核心素养是学科育人价值的集中体现，是学生通过学科学习而逐步形成的正确价值观、必备品格和关键能力。

1. 核心素养高度凝练

在基础教育课程体系中，学科课程占有重要地位，每个学科凝练出的核心素养，高屋建瓴，概括了每个学科最有价值的内容，体现了每个学科的本质（见表4-1、表4-2）。

表 4-1 　义务教育部分学科（课程）的核心素养

学科（课程）	核心素养
语文	文化自信、语言运用、思维能力、审美创造
劳动	劳动观念、劳动能力、劳动习惯和品质、劳动精神
地理	人地协调观、综合思维、区域认知、地理实践力
道德与法治	政治认同、道德修养、法治观念、健全人格、责任意识

表 4-2 　高中部分学科的核心素养

学科	核心素养
语文	语言建构与运用、思维发展与提升、审美鉴赏与创造、文化传承与理解
数学	数学抽象、逻辑推理、数学建模、直观想象、数学运算、数据分析
物理	物理观念、科学思维、科学探究、科学态度与责任
历史	唯物史观、时空观念、史料实证、历史解释、家国情怀

2. 将核心素养直接作为单元目标，是无法实现的

从表 4-1、表 4-2 可以看出，不论哪一个学科（课程），核心素养都是高度概括、比较宏观的。如果直接将宏观、概括的核心素养作为单元目标，后续的教学环节就很难操作，核心素养反而得不到有效落实。

例如，初中语文，如果直接将四条核心素养作为单元目标，那么，教师很快就会面临很多解决不了的问题、回答不了的困惑。在单元内容组织、单元活动和单元评估设计，乃至具体教学实施过程中都会力不从心，有很多困惑和纠结。例如：

①"文化自信"这条核心素养的内涵是什么？本单元的教学是否能落实"文化自信"？

②"文化自信"的具体表现是什么？怎么知道学生是不是做到了"文化自信"？如何判断做到什么程度了？

③"审美创造"包含哪些创造？所设计的单元活动是否体现了这些创造？如何评估这条核心素养的落实效果？

④如何说明落实了"思维能力"这条核心素养？如何证明通过本单元的学习，学生的思维能力提升了？

可见，直接拿核心素养作为单元目标，如同用大炮打蚊子，根本行不通。这样做，单元目标起不到应有的指导作用，既无法有效指导后续的大单元教学设计和教学实施，也无法有效评估核心素养的落实效果，还容易陷入形式主义。

一个学科的内容，或多或少都会与本学科的核心素养有联系，一个单元、一节课的内容也都可以与它挂上钩。但是，这并不意味着核心素养就可以直接作为单元目标。

核心素养是课程实施的总目标，是大单元教学设计的方向。学科核心素养是学生在经历本学科的学习后逐步形成的，不可能仅凭一个单元的学习就能落实。更何况，每个学科的核心素养只有几条，总不能每个单元的目标都相同吧？

3. 核心素养标签，不能随意贴到单元目标上

在单元目标的设计上，过去有的教师常常陷入三维目标割裂的误区，情感态度与价值观目标常常形同虚设。今天有的教师重蹈覆辙，又将核心素养标签贴到单元目标上。对这种做法需要特别警醒。

我们知道，三维目标强调，设计目标需要兼顾知识与技能、过程

与方法、情感态度与价值观三个维度，而不能将其割裂为三个目标。过程与方法目标强调的是学生的学习过程和学习方法，显然不能和知识与技能目标脱节。情感态度与价值观目标更是要在知识与技能的学习过程中培养和积淀，孤立地谈情感态度与价值观如同空中楼阁，虚幻缥缈。

下面"单元目标1"的问题正是如此。目标中没有描述出要通过哪些恰当的内容、适切的方法、有效的学习过程来"培养学生的审美情趣，提高学生的审美素质，使学生树立人与自然和谐发展观"，又怎么能做到呢？

单元目标1

• 知识与技能目标

说出旅游资源的种类与内涵，知道旅游景观欣赏要了解的内容，了解旅游景区设计要注意的问题，学习旅游线路设计的一般方法等。

• 过程与方法目标

运用地图等资料，结合实例，进行分析说明。

• 情感态度与价值观目标

培养学生的审美情趣，提高学生的审美素质，使学生树立人与自然和谐发展观。

单元目标2

1. 说出旅游资源的分类和内涵（区域认知）。

2. 分析不同旅游资源的成因和价值（综合思维）。

3. 说出旅游景区建设对区域经济、文化、环境的影响（人地协调观）。

4. 学习设计旅游线路的一般方法（地理实践力）。

同理，"单元目标 2"中每一条目标都很具体，都是围绕学科内容来设计的，同时在后面的括号里，都贴上一条核心素养，以为将前面这些知识目标落实了，就落实了相应的核心素养。这是典型的贴标签。

难道学生能够说出旅游资源的分类和内涵，就提升了"区域认知"的核心素养？难道学习了设计旅游线路的一般方法，就提升了"地理实践力"？

可以想象，在课堂上教师依旧会围绕单元目标 2 前面的内容展开教学，落实具体的知识，与括号里核心素养的落实距离甚远。这种所谓的素养目标无力促进教学方式转变，更无力拉动学生学习，还会造成目标归目标、教学归教学的两张皮现象。

二、单元目标是一个单元具体的学习目标

与核心素养的宏观、概括不同，单元目标是非常具体、务实的。教师非常清楚，通过某个单元的学习，学生应该掌握哪些知识，学会哪些技能，提升哪些素养。

1. 具体、可测量的目标才能实现

只有设计具体的单元目标，才可能追踪学习进程，并对单元目标进行评估和测量，否则单元目标设计得再好，也无法知道其是否实现了。可见，将高度凝练的核心素养直接作为单元目标行不通。

单元目标的具体性，是指目标应该表述清晰，指向明确。不仅教师清楚，学生也知道要学习什么，掌握什么。

例如，高中语文"《乡土中国》整本书阅读"单元，教师设计了以下学习目标。不论是知识与技能的要求，还是问题的分析、知识的

应用和思维的迁移创造，都描述得非常具体，具有可操作性。[1]

①能说出《乡土中国》的创作背景和基本观点。

②能概括各章的主要观点以及各章之间的逻辑关系。

③能运用书中的概念解释当代社会现象，结合书中文化内涵分析中国乡村伴随社会转型的巨大变迁。

④能以新的时代视角重新审视书中的观点，有理有据地发表评论，并以议论文的形式表达自己的新观点。

2. 能接受、可实现的目标才符合学生的实际

单元目标不仅是教师的教学目标，也是学生的学习目标，要能够指导学生课堂上的学习，所以，在课堂上学什么、做什么，师生应该达成一致。显然，抽象、概括的核心素养学生不容易理解，很难直接指导学生学习。

另外，不论教师心中有多么美好的愿望，所设计的单元目标都应该是学生能够完成、可以实现的。否则，单元目标难度过大，学生就会感到沮丧，失去学习兴趣；难度过小，学生就得不到有效激发，容易产生自满情绪。

3. 完成目标需要时间表

很多教师之所以将核心素养直接作为单元目标，一个原因是忽略了目标要具体的特点，另一个原因是没有重视目标要有时限性。也就是说，没有为目标的完成设定时间表。如果没有时限性，目标就很容

---

① 该案例由北京十一学校闫存林老师团队提供。

易被拖延或速成，也无法考核评估。

例如，如果某门课程开设的时长是一年，那么这门课程结束时，就应该达成这门课程的总目标。这就是目标的时限性。

接下来，教师需要思考：在这一年里，应该设计多少个单元？每个单元的具体目标是什么？每个单元目标实现的时间节点是什么？如果每个单元目标都能顺利完成，那么学年结束时，就可以达成落实有关核心素养的总目标。

可见，给目标的完成设定一个时间表，落实核心素养这个总目标就可以分阶段，在每个单元、每个学期、每个学年有条不紊地逐步达成。

三、借助学科核心大概念将核心素养转化为单元目标

核心素养不能直接作为单元目标，但是单元目标要基于核心素养，落实核心素养。因此，怎样将核心素养转化为单元目标，就成为亟待解决的一个问题。

在教学实践中，如何完成上述转化呢？对教师来说，比较容易上手的方式是从学科概念出发。

一方面，教师对本学科的知识内容非常熟悉，对概念教学也比较重视。另一方面，学科概念，特别是学科核心大概念是落实核心素养的重要载体。学科核心大概念的建构过程需要具体的学科知识，对它的理解和探究可以助力核心素养的培养。

可以说，学科核心大概念一端连接着核心素养，一端连接着具体的学科内容。从它入手，可以在上位的核心素养与具体的学科知识之间建立联系。

转化流程大致可以分为三步（见图4-1）。

| 基于课程标准，确定学科核心大概念 | 关联核心素养，划分不同水平 | 选用适宜的模板，多维度叙写单元目标 |

图 4-1 从学科核心大概念出发，将核心素养转化为单元目标的流程

1. 确定学科核心大概念

学科核心大概念，有的在课程标准中已经明确列出来。例如，高中生物必修课程，课程标准概括出四个学科核心大概念，每个大概念又分解出两到三个稍小的重要概念（见表 4-3）。

表 4-3 《普通高中生物学课程标准》必修课程中的重要概念

概念 1　细胞是生物体结构与生命活动的基本单位	
1.1	细胞由多种多样的分子组成，包括水、无机盐、糖类、脂质、蛋白质和核酸等，其中蛋白质和核酸是两类最重要的生物大分子
1.2	细胞各部分结构既分工又合作，共同执行细胞的各项生命活动
1.3	各种细胞具有相似的基本结构，但在形态与功能上有所差异
概念 2　细胞的生存需要能量和营养物质，并通过分裂实现增殖	
2.1	物质通过被动运输、主动运输等方式进出细胞，以维持细胞的正常代谢活动
2.2	细胞的功能绝大多数基于化学反应，这些反应发生在细胞的特定区域
2.3	细胞会经历生长、增殖、分化、衰老和死亡等生命进程
概念 3　遗传信息控制生物性状，并代代相传	
3.1	亲代传递给子代的遗传信息主要编码在 DNA 分子上
3.2	有性生殖中基因的分离和重组导致双亲后代的基因组合有多种可能
3.3	由基因突变、染色体变异和基因重组引起的变异是可以遗传的

概念 4　生物的多样性和适应性是进化的结果	
4.1	地球上的现存物种丰富多样，它们来自共同祖先
4.2	适应是自然选择的结果

然而，大部分学科，课程标准中没有列出学科核心大概念，那么又该如何确定呢？

本书第5讲会具体讨论确定核心大概念的方法。在此，可以先借鉴《追求理解的教学设计（第二版）》一书中提供的"明确内容的优先次序"模型，重新梳理学科内容，明确内容的优先次序，从而明确学科的核心与重点内容（见图4-2）。

图 4-2　明确内容的优先次序 [①]

在这一步需要注意的是，不是每个学科概念都能与学科核心素养建立联系。只有那些反映学科本质、相对稳定的核心大概念才能与学科核心素养建立连接。因此，在这一步确定的学科概念要具有一定的

---

① 威金斯，麦克泰格.追求理解的教学设计：第二版 [M].闫寒冰，宋雪莲，赖平，译.上海：华东师范大学出版社，2017：79.

统领性。

2. 将核心素养划分出不同水平

确定了学科核心大概念后，要让其与学科核心素养建立关联，并划分出核心素养的水平。这一步是转化的关键。

每个学科都有多条核心素养，通过第一步确定的学科核心大概念可能会与多条核心素养有关系，那么怎样建立它们之间的关联呢？一个简便的做法，就是选择关联性最强的那条核心素养，将其与这个学科核心大概念建立初步联系，然后再推及其他。

例如，"生命观念"是与某个单元关联性最强的一条核心素养，它包含很多下位观念。结合本单元的核心大概念，可以将"生命观念"具体化为以下三个问题：它是什么观念？它的内涵是什么？它的具体表现是什么？

比如，可以将其具体化为"结构与功能相适应的观念""生物进化观念"等下位观念。

接着，进一步对选中的核心素养与学科核心大概念进行深层次连接。具体来说，就是结合核心大概念以及与它有关的知识内容，对这条核心素养进行不同水平的划分。

例如，将"生命观念"这条核心素养，结合核心大概念以及与它有关的知识内容，划分出不同水平。比如，是"初步具有这种观念"水平，还是"运用这种观念分析和解释简单情境中的生命现象"水平，抑或是"运用这种观念分析和解释较为复杂情境中的生命现象"水平？

为什么要将核心素养划分出不同水平呢？

因为有的核心素养，需要学生通过3—6年课程学习的持续积累才能达成。初一和高一年级的学生，对同一条核心素养的达成水平肯定是不同的。只有结合具体的核心大概念以及与它有关的知识内容，对核心素养进行不同水平的划分，才能确保单元目标可接受、可实现。

如何对核心素养进行不同水平的划分呢？可以考虑使用以下两种方法。

方法一：参考课程标准中核心素养的水平划分。在课程标准的附录部分，编写专家已经对每条核心素养进行了不同水平的划分，但是这种划分依旧是相对宏观的，教师可以结合具体的核心大概念以及与它有关的知识内容，对相关水平的核心素养进行细化和转化。

方法二：参考韦伯的"知识深度"框架（见表4-4）。这是教育评价领域的一个分析模板，虽然名称是"知识深度"（Depth of Knowledge，简称DOK），但实际上其四个层级不完全是按照知识的深度、难度划分的，而是按照知识应用的复杂程度来划分的。因此，可以借鉴这种方法对核心素养进行水平划分。

表4-4　韦伯的"知识深度"框架[1]

层级水平	思维水平	认知水平
第一级	平常思维	回忆与再现
第二级	概念思维	技能与概念
第三级	策略思维	问题解决与应用
第四级	批判性思维	思维迁移与创造

3. 叙写单元目标

接下来，就可以根据前两步划分的特定的核心素养水平，叙写单

---

[1] 由笔者根据相关资料翻译整理。

元目标。

核心素养是知识与技能、情感态度与价值观等多方面的融合，因此叙写单元目标也应该从多个维度进行。那么，具体从哪些维度叙写单元目标呢？在此提供两个模板供参考。

（1）UbD 模板

该模板（Understanding by Design，简称 UbD）（见表 4-5，有删减）出自《理解为先模式：单元教学设计指南（一）》一书。

表 4-5　叙写单元目标的 UbD 模板 [①]

学习迁移	
学生能自主地将所学运用到……	

理解意义	
深入持久理解	核心问题
学生将会理解……	学生将不断地思考……

掌握知能	
学生该掌握的知识是……	学生应形成的技能是……

该模板强调单元目标应包括三个方面，不仅有知识与技能目标，还特别强调迁移应用目标，即通过知识与技能的学习能解决哪些问题，

---

① 威金斯，麦克泰. 理解为先模式：单元教学设计指南：一 [M]. 盛群力，沈祖芸，柳丰，等译. 福州：福建教育出版社，2018：18.

能有哪些应用。这与落实核心素养的单元目标追求是完全一致的。同时，还要考虑通过本单元的学习，学生应该不断思考哪些问题，持续理解哪些核心大概念，从而帮助学生实现知识的迁移应用。

该模板可以帮助教师捋清思路，根据前面划分的核心素养水平，从学习迁移、理解意义、掌握知能三个方面叙写单元目标。

（2）DOK 模板

如前所述，DOK 模板（见表 4-6）按照认知水平划分的四个层级，代表着知识应用的复杂程度、学习过程的复杂程度。这四个层级也可作为叙写单元目标的参考维度。

表 4-6　叙写单元目标的 DOK 模板

回忆与再现	
技能与概念	
问题解决与应用	
思维迁移与创造	

第 5 讲
单元内容不能只做加法，不做整合

　　大单元教学内容，不是课时教学内容的简单累加，不是教材章节的机械合并，而是要重新确立内容核心，实现知识与技能的高度结构化。

　　大单元教学内容的整合，要从单元目标出发，以核心大概念为框架，重新思考教学内容的意义和价值。

❋ 单元中不同类型的知识具有不同的价值。

❋ 内容整合应从目标切入，聚焦核心大概念。

❋ 概括核心大概念有多条途径。

大单元的"大"，不仅表现在单元目标上，要有大立意，要立足核心素养，还体现在单元内容上。

单元内容的"大"，不能简单地理解为更多，也不代表更难。那么，它代表什么？怎样整合才够大呢？对此，教师依旧面临不少挑战。例如：

①单元内容整合的切入点是什么？

②学习哪些内容对学生更有价值，更有意义？

③怎样评估单元内容整合是否恰当？

一、单元目标变了，单元内容整合的视角也应改变

根据教材整合单元内容，教师并不觉得很困难。通常就是围绕教材中几小节内容，找到它们之间的关系，进行分类、比较、梳理、总结。然而，当单元目标发生改变时，单元内容整合就变得不那么容易了。

1. 从单元目标出发

单元目标是整合单元内容的切入点和目的地。为什么要整合单元内容？是为了实现单元目标。如何进行整合？还是要回到单元目标，思考什么样的内容可以实现单元目标。

例如，生物"细胞的基本结构"这部分内容，教材中包含三小节内容，分别介绍细胞膜、细胞器、细胞核的结构与功能。有的教师将

这三小节内容整合为一个单元来处理。

在课堂上，教师引导学生阅读教材，了解细胞的结构；通过模型，展示微观的结构；设计问题，分析每个具体的结构；提供表格，对比所有具体的结构；设计容易混淆的题目，帮助学生区分每个具体的结构；等等。

上述教学环节，都是围绕具体知识点展开的。这个整合后的单元，教学目标并没有提升，还只是知识目标。这种围绕知识点的内容整合，显然不符合大单元教学设计所追求的目标。

大单元教学设计，希望学生通过单元学习，不仅掌握具体的知识，还能利用所学内容解决实际问题，提升综合能力和核心素养。单元目标已经实现了由知识目标向素养目标的跨越。

当单元目标发生改变时，单元内容整合的视角也应随之发生改变。简单地合并教材行不通，只在课时教学内容上做加法也不行，单纯对知识点的梳理、总结、分析、对比，距离培育学生的核心素养还比较远。

如何有效地整合单元内容呢？需要重新审视单元目标，重新判断能否落实核心素养，进而重新思考要实现这样的素养目标，学生应该学习什么、掌握什么，学习哪些内容更有意义、更有价值。

2. 承载落实核心素养的单元目标

教材呈现的学习内容常常包括情境、事实、定义、概念、方法、事例等。那么，如何围绕落实核心素养的单元目标，有效整合这些内容呢？

埃里克森和兰宁（Lois Lanning）在《以概念为本的课程与教学：培养核心素养的绝佳实践》一书中提供了两个模型（见图5-1、图5-2），可以帮助我们识别不同类型知识对培养学生核心素养的价值。

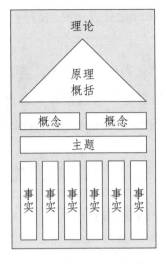

图 5-1 知识的结构[①]　　　　**图 5-2 过程的结构**[②]

在"知识的结构"模型中，作者清晰地展示了不同的知识类型，包括主题／事实、概念、概括／原理和理论，并呈现了它们之间的关系。从下到上，它们依次从具体到抽象，从识记到可迁移，层层迈进。借此可以分辨出不同类型知识对培养学生核心素养的价值。

例如，作者指出，主题（例如二战）／事实（例如二战框架内的特定知识片段）类知识，被锁定在特定的时间、地点、情境中，因此无法跨越时间、文化和情境，很难迁移。这提示教师，主题／事实类知识不是整合单元内容的焦点。这类知识可以作为工具，帮助学生达成对概念的深度理解。

"过程的结构"模型是对"知识的结构"模型的补充，主要针对视觉艺术、表演艺术等以过程为主导的学科，展示了过程（策略／技能）、概念、概括／原理和理论之间的关系。

作者指出，与"知识的结构"模型一样，其中的概念可以跨越时

---

①② 埃里克森，兰宁. 以概念为本的课程与教学：培养核心素养的绝佳实践 [M].鲁效孔，译.上海：华东师范大学出版社，2018：26，38.

间、文化和情境，可以迁移；概括／原理和理论是表达跨越时间、文化和情境的概念关系的句子与观点。

由此可以看出，概念是不受时间、文化和情境影响的，具有普遍性，而其上的概括／原理和理论则更具抽象性、普遍性和迁移性。因此，在概念及以上层次整合单元内容，才可以实现知识的迁移应用，这类知识才能承载起落实核心素养的单元目标。

二、核心大概念是单元内容整合的聚焦点

在上述模型中，从层级看，概念与主题／事实和过程（策略／技能）联系最为紧密，相对来说，其抽象程度不及概括／原理和理论。而理论处于模型的最高层级，是最抽象的，在教学中一般不需要直接让学生理解。

而概括／原理，都是对概念关系的描述，处于中间位置。核心大概念与它们处于相同位置，应该是单元内容整合的聚焦点。

1. 核心大概念既关联核心素养，又连接具体知识

核心大概念，顾名思义，不是一般的概念，如同上述模型中的概括／原理，除了具有抽象性和迁移性以外，还具有核心性，其核心性表现为它重新架构了学科结构，体现了学科本质。对这一点，对比2003 年版和 2017 年版高中生物课程标准，情况便一目了然。

在 2003 年版课程标准中，内容标准是通过"动词＋知识点"的形式呈现的，例如"阐明……""分析……""举例说明……"等，学科内容被视为一个一个知识点，相对零散且孤立。（见表 5－1）

表 5-1　2003 年版普通高中生物课程标准之内容标准

事项内容	具体内容标准	活动建议
遗传的细胞基础	• 阐明细胞的减数分裂并模拟分裂过程中染色体的变化 • 举例说明配子的形成过程 • 举例说明受精过程	• 观察细胞的减数分裂 • 搜集有关试管婴儿的资料，评价其意义及伦理问题
遗传的分子基础	• 总结人类对遗传物质的探索过程 • 概述 DNA 分子结构的主要特点 • 说明基因和遗传信息的关系 • 概述 DNA 分子的复制 • 概述遗传信息的转录和翻译	• 搜集 DNA 分子结构模型建立过程的资料，并进行讨论和交流 • 制作 DNA 分子双螺旋结构模型
遗传的基本规律	• 分析孟德尔遗传实验的科学方法 • 阐明基因的分离规律和自由组合规律 • 举例说明基因与性状的关系 • 概述伴性遗传	• 模拟植物或动物性状分离的杂交实验
生物的变异	• 举例说出基因重组及其意义 • 举例说明基因突变的特征和原因 • 简述染色体结构变异和数目变异 • 搜集生物变异在育种上应用的事例 • 关注转基因生物和转基因食品的安全性	• 低温诱导染色体加倍的实验

　　2017 年版《普通高中生物学课程标准》，则是通过学科核心大概念来架构学科知识体系的。其必修模块的部分内容要求如下：

概念 1　细胞是生物体结构与生命活动的基本单位

1.1　细胞由多种多样的分子组成，包括水、无机盐、糖类、脂

质、蛋白质和核酸等，其中蛋白质和核酸是两类最重要的生物大分子

1.1.1 说出细胞主要由C、H、O、N、P、S等元素构成，它们以碳链为骨架形成复杂的生物大分子

1.1.2 指出水大约占细胞重量的2/3，以自由水和结合水的形式存在，赋予了细胞许多特性，在生命活动中具有重要作用

1.1.3 举例说出无机盐在细胞内含量虽少，但与生命活动密切相关

1.1.4 概述糖类有多种类型，它们既是细胞的重要结构成分，又是生命活动的主要能源物质

1.1.5 举例说出不同种类的脂质对维持细胞结构和功能有重要作用

1.1.6 阐明蛋白质通常由20种氨基酸分子组成，它的功能取决于氨基酸序列及其形成的空间结构，细胞的功能主要由蛋白质完成

1.1.7 概述核酸由核苷酸聚合而成，是储存与传递遗传信息的生物大分子

1.2 细胞各部分结构既分工又合作，共同执行细胞的各项生命活动

1.2.1 概述细胞都由质膜包裹，质膜将细胞与其生活环境分开，能控制物质进出，并参与细胞间的信息交流

…………

1.3 各种细胞具有相似的基本结构，但在形态与功能上有所差异

1.3.1 说明有些生物体只有一个细胞，而有的由很多细胞构成，这些细胞形态和功能多样，但都具有相似的基本结构

…………

概念2 细胞的生存需要能量和营养物质，并通过分裂实现增殖

2.1 物质通过被动运输、主动运输等方式进出细胞，以维持细胞的正常代谢活动

2.1.1 阐明质膜具有选择透过性

…………

概念3 遗传信息控制生物性状，并代代相传

3.1 亲代传递给子代的遗传信息主要编码在 DNA 分子上

3.1.1 概述多数生物的基因是 DNA 分子的功能片段，有些病毒的基因在 RNA 分子上

…………

概念4 生物的多样性和适应性是进化的结果

4.1 地球上的现存物种丰富多样，它们来自共同祖先

4.1.1 尝试通过化石记录、比较解剖学和胚胎学等事实，说明当今生物具有共同的祖先

…………

首先，呈现较大的学科核心大概念。例如，概念 1 至概念 4 提纲挈领，高度概括了学科本质。然后，将核心大概念逐级分解，既有整体性，又有系统性。例如，概念 1 是较大的核心大概念，1.1 至 1.3 是其下稍小的概念，而 1.1.1 至 1.1.7 是建构 1.1 概念的事实性知识。

可以看出，在学科结构中，核心大概念是学科骨架和主干。核心大概念的抽象性决定了它需要持续理解和探究，而它的迁移性直指新情境中的问题解决，以它作为学科主干，可以确保学习内容与素养目标的统一。

还可以看出，核心大概念又对学科内容有横向和纵向的广泛连接，连接学科具体知识（例如上述生物学必修模块内容中的 1.1.1 至 1.1.7）。

可以感受到，核心大概念既连接学科具体知识，又与核心素养有

强关联。以此整合单元内容，既可以实现学科内容的结构化，又可以在核心素养与学科具体知识之间架起桥梁。

2. 概括核心大概念有方法

有的学科课程标准中没有明确列出核心大概念，那么，在整合单元内容之前，就要先概括出核心大概念，再围绕核心大概念整合学习内容。

如何概括核心大概念呢？在教学实践中，我们探索出三种比较容易上手的方法。

（1）从课程标准的高频话语中挖掘核心大概念

这是一种可操作性很强的方法。请看表5-2。

表5-2 《普通高中思想政治课程标准（2017年版2020年修订）》中
关于"人类社会发展的进程与趋势"部分内容要求与教学提示

内容要求	描述不同社会形态的**本质特征**；解释**人类社会发展**的一般过程，阐明**社会发展的历史进程取决于社会基本矛盾的运动**
教学提示	• 以"怎样揭示**人类社会发展**的奥秘"为议题，探究**社会发展**的基本规律和主要阶段。可绘制展板，标识各种社会形态，比较它们的差异。可采用图说等方式，阐释**生产力与生产关系**、经济基础与上层建筑相互作用的原理，揭示**生产力与生产关系的矛盾运动是社会发展的根本动力**…… • 以"怎样看待资本主义社会的兴衰"为议题，探究资本主义社会**基本矛盾**的表现。可回顾资本主义生产关系的形成与发展，揭示社会化大生产与生产资料资本主义私有制之间的矛盾。可评析当代资本主义的发展困境，明确**社会主义终将代替资本主义的历史趋势**

表5-2中黑体字部分就是课程标准中相关内容的高频话语，这些反复出现的话语常常就是学科重点内容，体现了学科核心价值，揭示

了学科本质。根据这些高频话语，结合核心大概念的基本特点，可以概括出相应的核心大概念：生产力与生产关系的矛盾运动是社会发展的根本动力。

（2）从学科知识点中概括核心大概念

这也是比较容易上手的方法。请看表5-3。

表5-3 部分学科相关知识点与概括出来的核心大概念

事项 学科	相关知识点	核心大概念
化学	元素、原子、分子、离子等	物质都有一定的组成结构，结构决定性质
物理	物体的平衡包括静止状态和匀速直线运动状态等	作用于物体上的合力决定该物体的运动状态的改变
生物	细胞由细胞膜、细胞质、细胞核等构成	细胞各部分结构既分工又合作，共同执行细胞的各项生命活动

表5-3中呈现了部分学科的知识点，我们可以对这些知识点进行提炼，将其归纳、抽象、概括为相应的学科概念。对一般的学科概念还可以进一步进行抽象、概括，思考它们所承载的学科价值，进而在学科思想、学科方法等方面概括出学科核心大概念。

上文"知识的结构"模型中呈现的主题/事实、概念、概括/原理、理论层级，也展示了概括学科核心大概念的流程，即从具体的主题/事实开始，将它们结合在一起，找到相关概念，然后再将这些概念连接在一起，形成跨越时间、文化和情境的概括/原理。

实际上，教师在引导学生理解核心大概念时，都会联系具体内容，否则学生就无法做到深入理解。因此，用这种从下往上的方式，沿着从具体到抽象的逻辑，可以概括出核心大概念。

（3）从对核心问题的思考和解决中概括核心大概念

通过对核心问题的思考和解决，也可以概括出核心大概念（见表5-4）。

表5-4　核心问题与相应的核心大概念

核心问题	核心大概念
伟大的人物是如何影响历史的	伟大的人物可以影响历史
生物通过哪些方法适应环境以求得生存	生物的适应力是为了在恶劣或不断变化的环境中生存
不同地方、不同时代的人是如何讲述关于我的故事的	伟大的文学作品探讨的是人类生存条件的普遍主题，这也有助于我们洞察自己的经历

核心问题不是针对具体知识点的设问，而是一些揭示事物核心、反映事物本质的问题，具有一定的概括性和抽象性。这一特征与核心大概念具有的属性一样。因此，对上述表格中核心问题的思考和解决，几乎可以水到渠成地引出相应的核心大概念。

三、有效的单元内容整合可促进学生深度学习

与陈述事实相比，清晰地表述对概念的理解是一个完全不同的思考过程，围绕核心大概念的内容整合，可以给学生提供更复杂思考、更持久理解、更深入探究的机会，促进学生深度学习。

1. 用核心大概念去思考

《人是如何学习的：大脑、心理、经验及学校（扩展版）》一书指出，专家的知识不是仅仅对相关领域的事实和公式的罗列，而是围绕

核心概念或"大观点"组织的。这些概念或观点引导他们去思考自己的领域。

例如，在分析一个具体的物理问题时，专家常常提到能够用来解决问题的主要原理或定律，以及为什么用这些原理和如何应用这些定律；而一般的学生则只是描述他们所应用的公式和所使用的运算方法。

专家是围绕物理学的核心大概念，如牛顿第二运动定律及其应用来思考问题的；而新手则倾向于通过回忆和求解来解决问题。显而易见，专家与新手在解决问题的方法上有差异。

这再次提示我们，有效的内容整合，就是要努力将学科具体知识锚定在学科核心大概念上，引导学生像专家那样将具体知识组织起来，围绕核心大概念建构知识结构，形成知识体系。这样，遇到问题时，就可以像专家那样，也能用核心大概念去思考、解决问题，而不是像新手似的，只想通过回忆具体知识和求解公式来解决问题。

这样的内容整合，能为学生深度学习创造条件。核心大概念不是凭空产生的，而是在学生已有的认知经验中发展而来的。建构核心大概念，学生不仅需要掌握原有的知识，更要深入理解知识之间的联系，通过分析、实验、调研、制作等多样的学习体验，不断拓展自己的知识结构。这些条件共同促进了深度学习的发生和发展。

2. 让知识得以迁移应用

高质量的单元内容整合，超越了教材章节的简单合并，超越了教材全覆盖式的内容累加。

整合后的内容，以知识和技能为支撑，走向可以跨越时间、文化和情境的核心大概念。有了核心大概念这个工具，学生就有了解决问题的基本策略和方法，他们就可以利用这个工具解决实际问题，实现新情境下知识的迁移应用。

例如，高中化学"金属及其化合物"单元，确立的核心大概念是"结构决定性质，性质衍生功能"。教师可以以此对元素与物质、金属及其化合物、物质性质与物质转化的价值等相关内容进行整合。[①]

为帮助学生理解核心大概念，实现知识的迁移应用，大单元教学设计直面真实问题——"矿石中金属元素的检验"，给学生提供一种未知矿石，引导学生通过化学实验的方法对其进行分离并鉴定。

学生在完成上述学习任务的过程中，进行了一系列探究和实验。

例如，通过完成"寻找生活中的金属材料"的任务，学生初步建立"位置—结构—性质—功能"的思维模型。然后他们查阅资料，探究分析，了解金属冶炼工业的流程，完成"金属资源的开发和利用"任务。最后运用"排除干扰，分离提纯"的方法，解决"矿石中金属元素的检验"遇到的挑战。

学生在完成上述学习任务的过程中，以解决问题为目标，学会分析和思考，知道如何寻找资源，评估信息，构建论点，为问题解决设计方案，不仅深度理解了核心大概念，而且实现了知识的迁移应用，发展了学科核心素养。

---

① 该案例由北京十一学校彭了老师团队提供。

第6讲
赋予问题设计更大的价值

大单元教学设计，对问题设计赋予了更高的期待：不仅要提高课堂的互动性，激发学生的兴趣，更要促进学生高阶思维的发展，实现对核心素养的培育。

※ 兼顾不同思维水平，多角度设计问题。

※ 设计问题时应增强挑战性与开放度。

※ 用核心问题促进对核心大概念的建构。

问题设计一直是教学设计的重头戏，通过问题设计导入教学，引发课堂讨论，是教师极为看重的。

在大单元教学设计中，如何进一步优化问题设计，提升问题设计的质量，彰显问题设计更高的价值，还有不少空间。比如：

①什么样的问题属于核心问题？

②核心问题与核心大概念是什么关系？

③日常教学设计中的问题串，如何进一步优化？

④怎样通过问题设计发展学生的思维，提升学生的理解力？

一、兼顾不同的思维水平

课堂上，很多教师习惯于针对学习内容直接设问，急于推进教学进程。因此，所设计的问题就是将要学习的具体知识，多数情况下都在问是什么和为什么，对学生思维的挑战并不大。

例如，高中地理关于"自然界的水循环"这部分内容，有教师设计了以下问题：

①水的形态有哪些？

②水体是如何分布的？

③水循环有哪些类型？

④水循环的过程是怎样的？

⑤水循环的意义是什么？

显然，教师希望通过这一系列问题向前推进教学。不过，这些问题设计的视角比较单一，不论教师用了什么疑问词，问题所体现出的思维水平都不高。

1. 设计多样化的问题

学生思维的发展作为核心素养的重要内容，是大单元教学设计的重要目标。通过问题设计提升学生的思维水平，大有可为。

安德森（Lorin Anderson）等人将认知过程分为六个类别（见表6-1）。[①]

表6-1 安德森等人的认知过程分类

记忆/回忆	识别或回忆信息
理解	理解信息的含义
应用	将从信息中产生的想法付诸实践
分析	解析材料，确定相互关系
评价	依据原则、标准做出判断
创造	重组信息后形成一个新内容

这一分类不仅可以用于制定教学目标，同样可以用于问题设计：提示教师在设计问题时，可以结合教学目标和教学内容，兼顾不同的思维水平，设计多样化的问题。

这不仅有助于教师了解学生的思维水平，更好地指导学生学习，

---

① 安德森，等.布卢姆教育目标分类学修订版：分类学视野下的学与教及其测评：完整版 [M].蒋小平，张琴美，罗晶晶，译.北京：外语教学与研究出版社，2009：23.

还可以帮助学生在多个认知类别上进行学习和思考，促进学生全面发展思维能力。

具体来说，可以依照认知过程的六个类别，在大单元教学设计中兼顾以下六类问题。

（1）记忆类问题

这类问题可能是"水的形态有哪些""故事中的主人公是谁""这场战争是什么时间爆发的"这样的事实性问题，也可能是涉及概念性知识、程序性知识的问题，甚至是涉及多种知识组合的问题。学生回答时，需将储存在大脑中的相关信息及时提取出来。

（2）理解类问题

这类问题可以是解释类的，也可以是总结、归纳、推断类的。例如，水循环的过程是怎样的？为什么主人公会做出这样的决定？光合作用是如何进行的？等等。学生回答前，要理解一些概念、事件以及过程。

（3）应用类问题

这类问题，学生需将所学知识与实际生产、生活相结合，运用概念和原理才能回答。例如，人类可以采取哪些措施缓解或者避免黄河断流？如何利用光合作用原理，提高作物的产量？等等。

（4）分析类问题

这类问题，学生回答时，要分析一些现象、案例、实验等，理解其中的要素、结构、关系。例如，人类可以在哪些环节干预或控制水循环？故事中的主人公为什么有这样的性格特质？等等。

（5）评价类问题

这类问题不是仅凭直观感受或观察就可以回答的，而是要经过理解和分析，综合各种信息，然后做出判断。例如，你认为黄河断流是自然因素还是人为因素造成的？你认为这个结论准确吗？为什么？等等。

（6）创造类问题

这类问题层次较高，需要学生通过记忆、理解、应用、分析、评价，提出自己的新想法、新方案。学生的答案一般会突破常规思维模式，具有一定的个人性或首创性。例如，怎样给这个故事加一个感人的结尾？如果请你设计一个新的实验来探究这个问题，你会如何设计？等等。

需要注意的是，上述六类问题并非孤立存在的，在教学实践中，可以根据教学内容和学生的思维水平，将不同类型的问题结合在一起，形成复合问题。例如，一个创造类问题，可以要求学生在分析和评价后，提出一个新的解决方案。而需要学生综合分析一个问题时，记忆类和理解类问题也是必不可少的。

2. 克服两种倾向

按照不同的认知过程，反思日常教学设计的问题时，有两种情况需要克服。一是问题的认知层次比较单一，二是问题的认知层次较低。

例如，上述"自然界的水循环"的案例，所设计的五个问题都紧紧围绕教学内容，这无可厚非，因为知识也是需要掌握的。然而，这节课的重点是什么？学生已经知道哪些内容？或者学生打开书就能找到的内容是什么？如何帮助学生将新的学习内容与已有知识和经验联系起来？通过本节课内容的学习，可以培养学生的哪些能力，提高学生的哪些素养？

显然，在设计问题时，教师对上述问题没有深入思考，导致所设计的问题基本都集中于记忆／回忆和理解层次。按照安德森等人的认知过程分类，这些问题属于相对低阶的问题（见图6-1）。

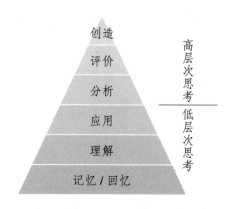

图6-1 安德森等人的认知过程分类

造成这种情况，与教师的教学理念有关。不少教师在课堂上还是教知识的思路，设计一系列问题，一个一个地问，学生一个一个地回答，学生的任务似乎就是回答问题。

如果有一位学生回答上来了，教师就认为所有学生都会了，常常会加快教学节奏。如果学生回答不出来，教师就会讲解，自己给出答案。显然，这种设计本身就决定了学生处于相对被动的学习地位。这种设计没有将培养学生的思维能力、解决问题能力作为主要目标。

此外，造成这种情况，也与教师对如何设计有价值的问题了解不够有关。

毫无疑问，设计出优质的、可以促进学生思维发展的问题，不能靠运气，凭感觉。这需要教师对教学目标、教学重点有正确的认识和深入的分析，对学生已有的思维水平和希望他们达到的思维水平有准确的判断，还需要教师将其与学生的学习需求和兴趣建立连接。这样，才能设计出高质量的问题。

优化问题设计，可以参照《优质提问教学法：让每个学生都参与学习》一书给出的课前设计优质问题需要考虑的五个方面[①]：

①教学目标：我提问的目的是什么？
②教学重点：我提出的问题是否聚焦了重点内容？
③学生的认知水平：我的问题能让学生达到什么认知水平？
④措辞与语法：我的问题描述清楚吗？措辞精确简洁吗？
⑤师生协同：我用什么方法帮助学生理解和反思他们的思维？

二、重视高阶思维

高阶思维作为核心素养的重要组成部分，是个体适应终身发展和社会发展的关键能力，对学生的生活和发展都非常有价值。大单元教学设计，尤为重视发展学生的高阶思维，希望学生成为更具思维力和创造力的学习者。

1. 高阶思维的表现

在安德森等人的认知过程分类中，记忆、理解和应用属于相对低阶的思维，分析、评价和创造则属于高阶思维。

高阶思维是相对于基础性、简单的思维活动而言的，是一种超越简单记忆和理解的复杂认知过程。

高阶思维不是仅仅对知识的简单记忆、理解和应用，而是能够将

---

① 沃尔什，萨特斯.优质提问教学法：让每个学生都参与学习 [M].盛群力，吴海军，陈金慧，等译.北京：中国轻工业出版社，2018：28.

所学的知识应用到复杂的情境中，理解抽象概念，进行批判性思考，形成新的见解。

目前，有的学者认为，高阶思维是一系列认知过程的协同作用。当面对一个问题时，具有高阶思维的人，能有效分析问题情境，综合不同维度的信息，对问题做出合理分析和评价，进而创造性地形成解决方案。

2. 设计挑战性问题

高阶思维的复杂性，决定了其培养路径有多条。通过问题设计培养学生的高阶思维，就是强调所设计的问题，超越单纯的记忆和理解，具有一定的挑战性，能激发学生进行分析、评价和创造等高阶认知活动。具体来说，应该优化或加强对下列问题的设计。

（1）多层次问题

这类问题教师比较熟悉，但是需要进一步优化。多层次就是构建一个问题序列，也叫问题串、问题链。需要注意的是，所设计的问题要有清晰的逻辑，要有一定的思维梯度，既能让学生拾级而上，又能让学生的思维逐步深入，从了解逐步过渡到对本质的深入挖掘。

（2）开放式问题

教师一般不喜欢设计这类问题，因为没有统一的答案，分析起来耽误时间。其实，正因为答案不止一个，这类问题可以鼓励学生进行深度或多角度的思考和探索。比如，你认为《平凡的世界》主题是什么？为什么？

（3）现实性问题

这类问题就是知识的应用，是大单元教学设计的重点，也越来越受到教师的重视。通过引导学生分析问题，使他们找到解决问题的方法。比如，你如何设计一个实验来测试植物生长速度和光照强度的关系？

（4）反思性问题

这类问题也是教师容易忽略的一类问题。它要求学生对自己的思考过程进行反思和评估，从中汲取经验教训，这可以改进和提高学生的思维能力。比如，你是如何决定使用这种方法来解决这个问题的？其他方法是否可能更有效？

上述问题都具有一定的挑战性。对教师来说，重视学生高阶思维的发展，设计挑战性问题的过程也充满挑战。

三、用核心问题打开理解之门

在大单元教学设计中，还有一类问题的设计需要特别加强，就是核心问题。核心问题可以帮助学生建构核心大概念，是打开学生理解之门的钥匙，是大单元教学设计中不可或缺的一类问题。

1. 什么是核心问题

核心问题也称基本问题（Essential Question）。《追求理解的教学设计（第二版）》一书指出，基本问题的"基本"有四种内涵，分别是"在我们一生中会重复出现的问题""某一学科的核心思想和探究""学习核心内容所需的东西""能够最大程度地吸引特定的、各种各样的学习者"。[1]

显而易见，基本问题不是基础问题。它揭示了事物的核心，反映了事物的本质，因此可以将其理解为核心问题。表6-2中是核心问题与非核心问题的一些例子。

表6-2　核心问题与非核心问题举例

核心问题	非核心问题
1. 我们怎么知道过去到底真实地发生了什么？ 2. 政府应该怎样平衡个人权利和大众利益？ 3. 我们什么时候进行估算？为什么要进行估算？ 4. 影响创造性表达的因素有哪些？	1. 有哪些例子可以说明动物对环境的适应性？ 2. 为了解决这个问题，你采取了哪些步骤？ 3. 你能用自己的语言陈述一下牛顿第二运动定律吗？ 4. 第二次世界大战发生在哪一年？

上述核心问题不论是综合性的，还是专题性的，答案都不是显而易见的，都不是一看就知道的，甚至也不是通过查阅资料就可以了解的。它们的重要特点是能激发学生持久思考，引发学生深入探究，从而推动整个单元的学习。

2. 用核心问题建构核心大概念

为什么核心问题可以帮助学生建构核心大概念？因为两者本质上是相通的，可以说是同一内容的不同表述方式。

首先，两者都揭示了事物的本质与核心。

核心大概念不论是学科层面的，还是跨学科层面的，都超越了具

---

① 威金斯，麦克泰格. 追求理解的教学设计：第二版 [M]. 闫寒冰，宋雪莲，赖平，译. 上海：华东师范大学出版社，2017：123-124.

体的知识，是反映事物本质的核心观点。而核心问题虽没有明确的标准答案，但同样引发了人们对事物核心的思考，对事物本质的理解。

其次，两者都需要持续理解，都具有迁移性。

核心大概念超越了具体的知识，是比较概括的，需要持续理解。同时，核心大概念可以跨越时间、文化和情境，可以实现迁移。

核心问题具有一定的开放性，学生在持续思考和理解的过程中，可能激发出更多问题，也可以解释更多问题。这些问题本身就充满迁移的可能性，而且它们可以促进学生主动探究和实践，从而加深理解，实现更广泛的迁移。

最后，回答核心问题和建构核心大概念都是大单元教学的重要目标。

一个用疑问句表达，引导学生持续思考和探究；一个常用陈述句描述，需要学生不断建构和理解。

例如，单元目标中常有这样的描述：

学生需要思考的核心问题是……
学生需要理解的核心大概念是……

学生的理解力不是凭空获得的，需要通过不断向他们发问，引导他们持续思考和探究核心问题而获得。而学生不断思考、探究、尝试回答核心问题的过程，就是建构和理解核心大概念的过程。

核心问题如同一个信号、一个外界的刺激，可以激发学生不断思考，不断探究，不断回答。核心问题的思考与核心大概念的建构高度一致，核心问题像一条通道，引领学生学习，建构自己的意义，通向理解之门。

总之，核心问题是大单元教学设计中不可回避的一类问题。

第7讲
设计学习任务并不简单

大单元的学习任务，不同于一般的教学活动，既不能盲目创新形式，更不能忽略背后的意义思考。

它不仅要与单元目标对接，兼顾综合性和挑战性，还要成为实现单元目标的重要载体和评估证据。

※ 学习任务要与单元目标相匹配。

※ 学习任务应以解决实际问题为前提。

※ 学习任务能贯穿整个单元的学习。

学习任务设计，是大单元教学设计中的硬骨头。它既要承载落实核心素养的单元目标，也要利于核心大概念的建构，还要让学生感觉有意思，愿意参与。这对教师的挑战不小。

思考下列问题，可以帮助教师评估所设计的学习任务是否满足上述要求。

①为什么要设计单元学习任务？

②所设计的学习任务与以往的教学活动有何异同？

③学生是否愿意参与学习任务？在参与过程中会遇到哪些问题？

④通过单元学习任务，学生可以学习什么，理解什么？

⑤通过单元学习任务，学生可以提升哪些能力和素养？是否可以实现单元目标？

一、从评估的视角进行设计

设计大单元的学习任务，存在两个比较突出的误区：一个是盲目创新，过度追求形式新颖；一个是一味突出学生参与，忽略背后的意义思考。

如何规避这两个误区呢？从评估的视角设计学习任务是一个可行的方法。

1. 有章可循是关键

学习任务设计要有章可循，这一点非常关键。

"章"就是章程、章法；"循"就是遵守、依照。学习任务设计要依照的章法是什么呢？毫无疑问，就是大单元教学设计的初心，也就是单元目标，具体来说就是落实核心素养。

离开这个章法，任何学习任务设计都容易偏离正确的航道，降低学习的成效。

例如，对第 3 讲中那个以"苹果"为主题的单元活动，教师需要反思：这些活动中，哪些是达成单元目标所必需的，哪些是可以整合的？哪些是没有必要，可以取消的？

2. 目标不同，任务不同

大单元目标是多维的，既有知识与技能目标，也有对核心大概念持久理解的目标，更有利用所学内容解决问题的迁移应用目标。面对更加综合的大单元目标，学习任务也应该是多样的、多元的。针对不同的单元目标，应设计不同的学习任务。

例如，关于"自然界的水循环"这一内容，"水循环的过程"既是教学重点，也是教学难点。有教师引导学生完成了以下教学活动：

①观看展示三种类型水循环的动画。
②绘制水循环的示意图。
③说出水循环的过程和主要环节。
④阅读教材，总结水循环的地理意义。

这是针对知识的重点与难点设计的活动，也是教师比较熟悉的活动设计。

然而，针对这一内容的迁移应用目标"通过学习水循环的内容，学生能解释、解决相关的实际问题"，上述活动却承担不了。因此，还需要从全面评估单元目标的视角，设计更加贴合实际、具有迁移应用价值的学习任务，即核心任务。

例如，让学生通过走访博物馆、进行实地地理调查、通过查找网络资源，了解与所学内容相关的水循环现状，以及与水循环有关的真实问题，然后引导他们结合具体问题，用自然界水循环的知识，解释相关问题的成因，并提出解决方案。

与为突破知识难点而设计教学活动相比，针对迁移应用目标而设计核心任务，对很多教师来说有一定难度，核心任务的实施与评估过程也很有挑战性。然而，这种定位于知识应用、问题解决的核心任务，才是落实核心素养所需要的，才能更好地起到评估单元目标的作用。

二、从问题解决的定位进行设计

大单元的"大"体现在单元目标上，就是将知识目标上升为素养目标；体现在单元内容上，就是实现了以核心大概念为中心的结构化整合。

那么在学习任务上，如何体现大单元的"大"呢？如何让所设计的核心任务与单元目标、单元内容相匹配呢？

1. 不可忽略真实情境

当前，课堂教学的一个突出问题就是脱离现实生活，要么就知识讲知识，要么在虚设的情境中学习抽象的内容。即使联系实际，也是蜻蜓点水，对真实生活进行模式化、标准化处理，距离真实的情境、现实的问题、可操作的解决方案还有很大距离。学生也习惯于利用模式化、公式化思路解题、答题。

大单元教学设计要摒弃上述现象，追求在核心任务的设计中，为学生创设真实情境，帮助学生将所学知识应用于实际生活中，实现知识的有效迁移；让学生在完成真实任务的过程中，获得对事物的认识，形成和发展有关的概念，提高解决实际问题的能力。

相比突破知识难点的活动，丰富而复杂的真实情境更难创设，解决真实问题的核心任务更难设计。威金斯和麦克泰格在《理解为先模式：单元教学设计指南（二）》一书中提出的"GRASPS 要素"是一个很好的工具。[①] 这个工具有助于教师创设连接真实生活的情境，可以帮助教师设计情境化的真实的任务。

① G（Goal），指目标，是连接真实世界的目标，是学生在情境中的任务目标，而不是教师的意图或单元目标。

② R（Role），指角色，是对学生来说有意义的角色，指学生在情境中应扮演什么角色。这个角色需要学生对相关问题做出解释或者进行应用，来展示他们的理解程度。

③ A（Audience），指受众，是真实的（或模拟的）观众。需要考虑：情境中的受众是谁？学生需要说服、告知或娱乐的对象是谁？受众是在真实世界中实现有效迁移的重要相关因素。

④ S（Situation），指情境，确定执行任务的背景，涉及实际生活中的应用情境。好的任务设计要符合以下三个方面的真实：第一，真实地反映了现实世界中人们使用所学知识和技能的方式。第二，现实世界中的机遇、干扰、挑战都是真实的。第三，对学生而言，与他们生活的关联度和他们的兴趣度是真实的。

⑤ P（Performance/Product），指表现或产品，是学生生成的最终成果或表现。教师不仅需要思考能证明实现目标的具体成果或表现应该是什么样的，而且在开展任务之初，就要向学生说明不要让成果或

---

① 威金斯，麦克泰.理解为先模式：单元教学设计指南：二 [M]. 沈祖芸，陈金慧，张强，译.福州：福建教育出版社，2021：89-91.

表现偏离目标。

⑥ S（Standards），指标准，是判断成功与否的表现性评估标准。具体来说，就是学生在完成任务过程中的表现或成果的评估标准是什么，任务将按照什么标准来进行评估。

例如，初中道德与法治"揭开情绪的面纱"这部分内容，在学习时，教师利用上述工具，为学生提供了完成真实任务的机会[①]：

目标：为自己的父母上一节情绪专题课，对父母进行情绪知识和情绪调节方法的传授。

角色：你是一名道德与法治学科的教师。

受众：自己的父母及其他家人。

情境：你需要将学到的知识讲给家人听，还要让他们听懂。

产品/表现：你将创建一个美观的课件、一个环节清晰的教学设计方案。

成功标准：一份逻辑清晰的授课方案，一份来自父母的课后反馈。

2. 兼顾综合性和挑战性

大单元目标的综合性、核心大概念的综合性都决定了所设计的核心任务也应该是综合的。

例如，高中生物"动物生命活动调节"这个单元，教师整合了体液调节、神经调节和免疫调节等多个探究活动，从真实问题出发，设计了一个"探究'瘾'的秘密"综合性核心任务。[②]

① 该案例由北京十一学校杨静老师团队提供。
② 该案例由北京十一学校刘赛男老师团队提供。

"瘾"是如何产生的？不良的"瘾"又该如何戒除？这涉及复杂的生物学机制与原理。这种综合性核心任务，会引导学生从多个角度分析问题，并分析多个要素之间的关系，找到解决问题的多条途径。

在学习过程中，学生会运用多种学习方式，如猜想、推测、观察、测量、分析、对比，甚至抽象和建模，会用到以往的生活经验，甚至跨学科知识。这有利于学生综合思维、综合能力的提升。

综合性问题，往往没有现成的答案，也没有可以直接套用的公式，对学生来说挑战显而易见。正因为如此，才有可能调动学生的积极性，激发学生的好奇心和求知欲，挖掘学生的潜能。

为了完成学习任务，学生需要学习新知识，掌握新方法，探索新思路，不断超越最近发展区，进入下一个发展区。

例如，高中语文戏剧单元目标，着重强调了阅读和演绎悲剧对学生"悲悯与关怀"情感的塑造。

在教学中，除了阅读剧本和演绎戏剧，教师还设计了一个更加有挑战性的学习任务：《窦娥冤》在窦娥死后还有一折，这一折是多余的吗？通过阅读剧本，学生发现窦娥沉冤昭雪的过程远非"爽文"，而是反映了元朝社会男尊女卑、官僚昏聩、冤假错案比比皆是的乱象。通过对剧本细节的分析，通过对剧本所反映的社会乱象的批判与反思，在学生心底埋下正义与担当的种子。[1]

三、贯穿整个单元的学习

整体性是大单元教学设计的基本原则，它不仅体现在从整体上统筹规划单元目标、单元内容和单元评估，还体现在学生学习过程的整体性上。通过设计贯穿整个单元学习的核心任务，可以对学生的学习

---

[1] 该案例由北京十一学校赵楠老师团队提供。

行为、思维活动进行整合，让学生持续有学习体验。

1. 更有可能深入探究

在课时教学中，教师设计的探究活动，常常囿于时间，师生都放不开，不能充分进行。教师总是担心学生花的时间太长，总是对活动不断进行"优化"，留下的探究空间有限。

学生对探究活动一般很感兴趣，但是常常刚进入状态，或者还没有探究出所以然来，就迫于要学习后面的内容，被老师叫停。这容易损伤学生探究的热情和积极性。

大单元教学设计则克服了这个弊端。

首先，在单元主题上，大单元教学设计选择的通常都是比较大的主题，对学生的个人生活与社会生活进行充分连接。这样的学习主题结合真实情境，立足现实问题，本身就需要深入探究与实践。同时，大单元教学设计将核心大概念作为整合单元内容的中心，使学习内容从碎片化走向结构化和系统化。这样的学习内容也需要充分体验，才能实现理解和迁移应用。

其次，在单元实施方式上，大单元教学设计的思想引导教师改变教学观，推动课堂教学转型，促进教学方式和学习方式转变。

过去，教师总以为在课堂上要让学生获得大量知识，所以总会在如何讲、如何更好地讲、如何更多地讲上下功夫。而大单元教学设计一开始就给予学生真实的情境，让学生直面真实问题的挑战，然后去观察、分析、判断、综合、评估、质疑、证明。学生亲身经历一系列学习体验，经历完整的探究过程，从而获得学习的成就感，激发更强的探究动力。

最后，在探究时间上，大单元教学设计以单元作为时间节点，虽然也需要课时设计，但不拘泥于课时。此时的课时是大单元教学设计整体规划下的课时，不是独立、孤立的课时。师生都会以单元作为时间节点，规划学习任务，课时安排更具弹性，能给予学生较为充分的探究机会、较为充裕的探究时间。

2. 与建构核心大概念相统一

有的教师对核心大概念与核心任务的关系很纠结。实际上，两者是统一的，完成核心任务的过程就是建构核心大概念的过程。

核心大概念不仅是整合单元内容的聚焦点，对它的持久理解也是重要的单元目标。从单元目标出发，围绕真实的问题情境，设计贯穿整个单元学习的核心任务，引导学生在解决真实问题的过程中，学习相关知识，建构、理解核心大概念，从而实现核心任务、核心大概念与单元目标的统一。

例如，在"动物生命活动调节"单元，学生需要持久理解的核心大概念是"生命个体的结构与功能相适应，各结构协调统一共同完成复杂的生命活动，并通过一定的调节机制保持稳态"。

这个核心大概念的前一部分"生命个体的结构与功能相适应，各结构协调统一共同完成复杂的生命活动"，学生通过其他单元的学习，已经基本上建构起来，本单元需要进一步持久理解。

后一部分"并通过一定的调节机制保持稳态"，则是本单元需要帮助学生建构的重点。此单元中关于"瘾"的核心任务正是基于此设计的。

首先，这个核心任务涉及动物的体液调节、神经调节和免疫调节。这些调节机制不仅影响"瘾"的形成与医学治疗，同时也是动物保持相对稳定的内部环境，维持正常的生命活动所依赖的。

学生选择一种饮品、食品或药物，分析各类"瘾"的成因及其戒除措施与原理，完成一份关于"瘾"的形成与戒除的综述报告。然后再对具体的"瘾"进行抽象,并延伸到其他动物的生命活动中,就可以逐渐建构起上述核心大概念。

其次,完成核心任务的过程还会涉及很多具体的生物结构,学生自然会学到不同结构的功能,以及结构与功能如何相适应、如何协调统一共同完成体液—神经—免疫的调节过程。这样就会再次帮助学生建构核心大概念,并进一步加深对它的理解。

第8讲
不可缺少的情境创设

大单元教学设计，离不开情境的创设。

有效的情境，是开启整个单元学习的触发器，是激发学生思维的发动机，能促进学生深入学习。

❋ 情境是学习的前提和基础。

❋ 情境应以发展学生的思维为核心。

❋ 情境创设要以解决实际问题为载体。

"情境"是新课程标准中的高频词。不论是课程内容的选择，还是教学过程的组织，抑或是教学评价的实施，新课程标准都强调，要重视情境创设，要在真实情境下进行。那么，在大单元教学设计中，如何合理地嵌入情境？下列问题值得教师特别关注。

①真实情境从哪里来？
②如何创设情境以发展学生的核心素养？
③什么样的情境可以优化学习过程，增强学习体验？

一、没有情境，就没有学习

很多教师对教学时间非常珍惜，一上课，马上就进入具体知识的讲解，也希望学生能快速进入学习状态，认真听课，积极思考。

殊不知，学习的起点不是抽象的知识，学习过程也不是将抽象的知识由一个人传递给另一个人。没有特定的情境激发、唤起学生对事物深入探究的渴望，学习就很难发生。

1. 情境是开启学习的起点

《培育智慧才能：学习的维度教师手册》一书从学习过程出发，提出了一个关于学习维度的模型。

这个模型中，包含了彼此关联的五大维度。其中"态度与感受"维度处于基础性地位，它与"思维习惯"维度共同贯穿于所有学习过程（见图8-1）。

图 8-1 学习的维度之互动样式 [①]

同时，作者指出，所有学习都是基于学习者的态度与感受以及有效的思维习惯。消极的态度与感受会导致学习效率低下，而积极的态度与感受会促进学生学习，同样，有效的思维习惯也能促进学生学习。有这两个维度做基石，学生在其他三个维度的学习会更加高效。[②]

上述观点再次提醒教师积极的学习态度与感受、良好的思维习惯对学习的重要性。可以说，没有学生态度的认同和情感的投入，没有学生思维的激发，就很难有学习成效。而情境可以唤起学生的态度和情感，是激发学生思维的发动机。

高中语文侠义文学单元，涉及《刺客列传》《大铁椎传》《红线女》《虬髯客传》《聂隐娘》等一系列文言文。如何让学生对这些文章感兴趣，如何引导学生有兴致地阅读，有热情地研究、分析每个人物呢？

教师创设了一个情境，就是将语文学习与学校即将举办的狂欢节结合到一起，请学生选择一个侠义人物，装扮一位教师，请他在狂欢

①② 马扎诺，皮克林. 培育智慧才能：学习的维度教师手册 [M]. 盛群力，何晔，张慧，等译. 福州：福建教育出版社，2015：7.

节上进行角色扮演。①

这样一个真实的情境一下就调动起学生的积极性，驱动学生研读文本，分析人物，选择角色，然后物色老师，写信劝说老师装扮人物。富有情趣且深入的学习过程由此展开，文言文阅读不再是枯燥的"之乎者也"，而成为一场有趣的学习实践活动。

2. 用情境优化学习过程

一般情况下，教师都知道激发学生兴趣的重要性。但是深入课堂后发现，不少教师只关注简单的情境创设，将情境作为导入新课的引子，一旦导入新课，就又回到对抽象内容的讲解中。

实际上，情境不仅可以激发学生的情感和态度，还可以活化学习内容，改变学习方式，优化学习过程，增强学习体验。因此情境不应仅仅作为上课的引子，还应与所学内容紧密联系，贯穿整个单元学习的过程。

例如，上述侠义文学单元，教师在学习之初创设了选择一位侠义人物装扮教师的真实情境，让学生觉得这个单元的学习很有趣。接下来，教师如何展开具体教学过程呢？学生如何展开真实的学习过程呢？教师依旧利用情境来解决问题，设计了五个子任务②：

①用准确的词语概括五位人物的个性特征。
②概括人物形象的相同点与不同点。
③写出你最想装扮的人物，并与你最不想装扮的人物做比较，说明理由，给出证据。
④写一封劝说信，说服某位老师同意装扮你选择的侠义人物。

①② 该案例由北京十一学校闫存林老师团队提供。

⑤完成人物出场设计（先独立完成，然后分组合作）。

上述情境的创设，关注的是学生的学习过程，解决的是学习过程中可能会遇到的种种问题，搭设的是通向单元目标的脚手架。这样的情境可以优化学习过程，帮助学生学习。

二、情境的内核是思维

思维能力是学习能力的核心。激活学生的灵感，发展学生的思维，无疑是创设情境的重要目的。

表面上看，情境可能是一段视频、一首歌、一个故事，但其内核一定是思维。应通过相关情境的创设，激发学生思考的动机，引导学生思考的方向，发展学生的理解、分析、抽象、推理等思维能力。

1.激发认知冲突

这是唤起学生求知欲，引发学生积极思维的前提。

认知冲突可以强化学生的注意力，凝聚学生的思维，激活学生大脑中已有的知识和经验，使学生能够迅速选择和接收信息，并对信息进行有目的的加工。当学生不能用头脑中已有的知识和经验来解决新问题，或者发现新知识与头脑中已有的知识相悖时，就会产生认知失衡。而人有保持认知平衡的倾向，于是就会产生认知需要，萌发探索未知的愿望，从而产生学习内驱力。

因此，我们在创设情境时，要有意识地制造认知冲突，然后引导学生解决冲突，不断经历认知"平衡—失衡—平衡"的过程，历练和提高他们的思维。

在具体的教学设计中，教师可以借助以下几组矛盾设置认知冲突。

第一，学生已有经验和科学原理之间的矛盾。

第二，学生已有知识与新知识之间的矛盾。

第三，学生的感觉、知觉与客观事实之间的矛盾。

例如，初中生物"细胞的生活需要物质和能量"单元，教师进行了以下教学设计。

首先，设计访谈问题，找到学生的最近发展区。

教师设计访谈问题后，通过全班答题和对部分学生的访谈，找到学生的最近发展区，明确三个"点"。

①认知起点：关于这部分知识，学生已经知道了哪些？有哪些与之相关的生活经验？

②认知难点：对将要学习的内容，学生不知道什么，他们认为最具挑战性的是什么？

③兴趣点：对这部分内容，学生可能感兴趣的是哪些？

其次，设计挑战性问题，激活学生的思维。

根据上面三个"点"，结合学生知道"人的生命活动需要能量"，但不清楚"人体细胞是怎样获取能量的"这个矛盾，教师设计了挑战性问题：细胞中储存的能量，怎样才能释放出来，供给生命活动？

可以说，认知起点是学生最近发展区的低点，而挑战性问题在学生最近发展区的高点，这样一低一高就构成了认知冲突，可以激活学生的思维。

2.促进深度思考

学生的思维被激活后，如何持续下去呢？如何不让学生被挑战性问题、综合性任务吓倒呢？教师还需要进一步创设情境，引导学生持续思考，积极探索，使学生在不断深入思考和探究中，思维得到不断激发和发展。

在上述案例中，教师结合花生可以榨油、汽车启动要燃烧汽油等学生已有的经验，创设了诱导性问题情境，以此将学生的思维引向深入。[①]

①你能否设计一个实验，将花生中储存的能量释放出来，让我们看到它？

②请从能量的角度分析，花生在燃烧过程中能量发生了怎样的转化？

③细胞中能量释放的过程和物体燃烧的过程是否有相似性？汽车燃烧汽油需要发动机，细胞释放能量是否也需要一个场所？请推测这个场所可能在哪儿。

④如果汽车里的燃料汽油用完，等上很久再加，汽车依然可以正常启动，细胞里会发生类似的过程吗？

⑤细胞的燃料需要持续不断供给，可是你一天一般也就吃三餐，并没有不停地吃，为什么？

⑥细胞活着就要不断消耗有机物获取能量，那么细胞所需的有机物最终来自哪里？

三、用情境促进学习迁移

大单元教学设计以落实核心素养为目标，情境的创设也不能忽略这一点。创设情境要以解决实际问题为载体，帮助学生深入理解知识，促进知识的迁移应用。

---

① 该案例由北京十一学校李艳芳老师团队提供。

1. 以知识的应用为目标

在以知识学习为主的教学设计中，情境的创设服务于知识的理解和掌握。教师通常在学习知识重点和难点时创设情境，通过相关情境突出重点内容，突破教学难点。如果一节课涉及多个重点、难点，就会创设多个情境，存在情境碎片化的倾向。

大单元教学设计强调以知识的应用为目标，单元内容由零散的知识点整合为学科核心大概念，因此创设情境时，要与单元目标和单元内容对接，克服情境碎片化，创设出与知识的应用和学科核心大概念相应的"大情境"。

例如，高中生物"组成细胞的分子"这一内容，从知识的维度出发，教学重点、难点包括蛋白质的结构与功能、核酸的结构与功能、生物大分子以碳链为骨架等。针对"蛋白质的结构与功能"这个重点、难点，教师创设了多个情境（见表8-1）。

表8-1　教学重点、难点与教学情境

教学重点、难点	教学情境
1. 蛋白质的结构	①投影图片：展示蛋白质复杂的空间结构 ②出示模型：呈现蛋白质的基本结构——氨基酸 ③放映动画：氨基酸脱水缩合的过程 ④角色扮演：请学生扮演蛋白质的基本组成单位，然后通过手拉手，形成长链来模拟氨基酸形成蛋白质的过程 ⑤连接回形针：发给学生不同颜色、不同数目的回形针，每个回形针代表一个氨基酸，不同的颜色代表不同种类的氨基酸，请学生将其连接起来，进而说明蛋白质结构的多样性 ⑥投影图片：展示某种蛋白质的结构
2. 蛋白质的功能	①投影图片：呈现不同蛋白质的功能 ②问题解释：为什么不同的蛋白质功能不同

从表 8-1 中可以看出，每解决一个教学重点、难点，教师都要创设情境。这样既细致也琐碎，学生可能掌握了蛋白质的结构与功能，但他们会质疑：为什么要学习这些内容？学习关于蛋白质的知识有什么用处？教师也会反思：学习这些内容的意义是什么？这样的情境创设和教学过程与发展学生的核心素养有什么关系？

而当单元目标聚焦落实核心素养时，教师围绕核心大概念的建构，突出知识的应用，创设了更大的情境："请为目标人群（青少年、减肥人群、'三高'人群等）提出饮食建议，制定营养食谱，成为大营养师。"

针对这样一个知识应用的大情境，学生需要解决以下问题：

①一日三餐摄入了哪些食物？这些食物中含有哪些营养成分？

②实验探究：这些食物中是否真的含有这些营养物质？

③食物摄入后都到哪儿去了？被消化成了什么物质？

④食物消化成的营养物质又到哪儿去了？营养物质与细胞的组成物质之间是什么关系？

⑤细胞的组成物质对维持生命活动有什么意义？它们为什么有不同的功能？

⑥特殊人群对营养物质的需求特点是什么？如何调整营养物质的摄入？

⑦怎样合理安排，为特殊人群制定营养食谱？

显然，零散的学习内容已经统整到这个大情境中，学生在解决具体问题的过程中，不仅会学习蛋白质的结构与功能，还会建构起核心大概念——"细胞是由多种分子组成的"，从而理解生命的物质性。

而且上述情境与学生的生活实际建立了联系，能够为目标人群服务，可以让学生感受到学习的意义和价值，也可以潜移默化地影响学生良好饮食习惯的建立。

2. 创设真实情境

新课程标准特别强调要创设真实的情境。从字面上看，真实情境是指真实生活中发生的情境或场景，而非虚构或虚假的情境。在真实情境中，学生能够亲身经历和感知事件、问题或挑战，并直接面对与之相关的各种因素和结果。

显然，创设真实情境，能让学生感受到所学内容与实际生活有联系，有助于激发学生的学习兴趣。而且真实情境中常常有一些问题需要解决，其本身就蕴含学习任务，在解决问题、完成任务的过程中，学生可以更好地理解和应用知识，培养解决问题的能力，提升核心素养。

然而，真实情境从哪里来呢？

首先，教师要深入生活，注意观察和积累。可以从日常生活、现实事件，以及历史、文学作品、艺术作品中，寻找真实情境。

其次，要扩大获取信息的渠道，不仅可以从书本上、从网络媒体中获得真实情境，还可以与专业人士交流，了解相关专业、行业的发展现状，将真实的研究课题、发展难题作为情境引入教学中。

最后，还要对真实情境进行多维度的理解。真实情境有时不一定绝对真实，相对于外部环境可能不是真实的，而对学生来说则是真实的，对学生的学习是有意义、有价值的，学生为此进行的探究活动是真实的。这样的情境同样属于真实情境。

例如，本讲提到的"狂欢节装扮老师"是一个真实情境，而"让学生成为大营养师"就不太真实，学生怎么可能会是大营养师呢？这个情境看似不真实，但对学生来说，为目标人群制定营养食谱，符合他们的心理期待，他们也有兴趣为此展开一系列探究活动，并会收获学习的意义感和成就感。那么，这个情境对学生来说就是真实的。

也就是说，真实情境更多的不是外部环境的真实，而是学生心理感受的真实。

因此，教师不必特别纠结于真实情境从哪里来。只要所创设的情境贴合学生的经验，能够激发学生的兴趣，能够引发学生深度思考，能够促进学生自主学习和深入探究，有利于学生核心素养的发展，这样的情境就属于真实情境。

第 9 讲
单元评估不应该在教学结束后才进行

评估的重要性不言而喻，单元目标是否实现，学习任务完成得如何，所学内容学生是否理解，所有这些都离不开评估。

在落实核心素养的背景下，需要进一步丰富评估的内涵，抓住评估的核心特征，探索更多评估方式，发挥评估更大的价值。

❈ 评估要紧扣单元目标。

❈ 评估应贯穿整个单元学习的过程。

❈ 评估既要关注结果，也要关注过程。

大单元教学设计中的评估设计，对教师来说挑战不小。不论是评估方式的创新，还是怎样更好地发挥评估的价值，促进课堂教学，帮助学生学习，都有很多问题需要深入探索。例如：

①除了纸笔测试，还有哪些评估方式？
②如何对落实核心素养单元目标的达成情况进行评估？
③如何利用评估帮助学生学习？

一、评估不等同于纸笔测试

要对某个人、某件事做出评估，前提是要获取相关信息。所以，评估的过程在很大程度上就是获取信息的过程。从获取信息的角度来说，纸笔测试仅是获取学习结果信息的一种途径，而非唯一途径。因此，评估不等同于纸笔测试。

1. 应丰富评估方式

人们总认为，只有分数才能准确衡量学生的表现。教师总是习惯于在单元教学结束后命制一份检测题，对学生进行考查，从而判断学生对知识的掌握情况。这导致单元评估方式过于单一。

纸笔测试是对学生一段时间学习结果的评估，对学习过程的评估不足。这种评估方式无法让教师及时发现学生在学习过程中出现的问题，并对这些问题进行有效解决。常常是测试结果出来后，才发现学生没有学会，已错过最佳补救时机。

纸笔测试只是评估的一种方式。不论是选择题、判断题、填空题还是简答题，都更容易考查学生对知识与技能的识记和理解。通过学生的答卷，教师获得的信息是有限的，很难甄别学生解决问题的能力、有效迁移应用的能力。

有效的评估一定来自多种方式，包括纸笔测试、正式和非正式的观察、提问、口试、访谈，以及学生的家庭作业、实验报告、研究论文和在真实任务中的表现，等等。

总之，学生的学习证据不是一张快照，也不限于一种形式，而更像是收集了纪念品和图片的剪贴簿。教师不仅要收集测试的结果，还要在整个教学过程中，使用各种方法和形式收集多种学习证据。

2. 应重视表现性评估

在诸多评估方式中，应给予表现性评估高度重视。一方面，在日常教学中，表现性评估使用的频率相对较低。有些教师在教学设计中不擅长设计表现性任务，对表现性任务怎样进行评估，操作起来也不那么得心应手，从而丧失在表现性任务完成过程中获取学生学习信息的机会。

另一方面，大单元教学设计，其重要目标是落实核心素养，培养学生应用知识解决问题的能力，提高学生的综合素质。那么，如何评估能力和素质？对此，纸笔测试有其局限，而表现性评估则有其优势。

表现性评估是一种基于观察和判断的评估。教师围绕真实情境，设计具有一定综合性和挑战性的学习任务，通过观察学生在完成学习任务过程中的表现或学习成果，对学生的学习质量做出评估，从而判断学生解决问题的能力、迁移应用的能力，也可以判断学生对核心大概念的理解程度，同时还可以观察学生在解决问题过程中所表现出来的思维品质和情感态度与价值观。

表现性评估由于更适用于评估落实核心素养的单元目标的达成情况，而成为被鼓励探索的一种评估方式。

表现性评估一般包含两部分内容，一部分是学习任务本身，即学生做的具体事情；另一部分是评估标准，即基于什么进行评估。如何设计有效的学习任务，在第 7 讲已经做过分析。从表现性评估的视角，借助下列问题，可以进一步优化所设计的表现性任务。

①学习任务与单元目标是否保持了一致？

②学习任务是否提供了真实情境？

③学习任务是否具有选择性？

④在完成学习任务过程中，学生会用到什么知识？

⑤学生可以采用哪些方式呈现自己的表现或学习成果？

⑥完成学习任务学生将会花费多长时间？

⑦学生需要哪些帮助？可以从谁那里获得帮助？

⑧用什么标准对学生的表现或学习成果进行评估？

二、评估要瞄准目标

评估是否有效，一个首要指标是有没有清晰的目标。当我们评估时，心里一定是有目标的。没有目标，就无所谓评估。

强调瞄准目标，是想说明，要获得有效的评估，就要对单元目标有精准的把握，在评估过程中要不断回望单元目标，反思所做的评估是不是对单元目标的评估，并加以矫正。

1.根据目标选择方式

上文谈到过纸笔测试和表现性评估的利弊，是针对不同单元目标而言的。实际上，评估方式本身无所谓好坏，纸笔测试同样有其优势，表现性评估也有其不足，适合单元目标才是重要的。

例如，英语学科针对某个单元目标设计过四种评估方式（见表9-1）。

表9-1　单元目标与评估方式

单元目标	1. 能够引用证据推断人物的情感
	2. 能够使用语言、表情和肢体动作等方式准确表达情感，且能够让他人推断出想表达的情感
评估方式	1. 检测题测试
	2. 写一份情感分析报告
	3. 仿写一篇记叙文
	4. 改编并拍摄英文短剧

上述四种评估方式，哪一种更好呢？不是看哪种评估方式更容易操作，也不是看大家对哪种评估方式的经验更丰富，唯一的评判标准就是单元目标，看哪种评估方式能够实现对单元目标的评估。

显然，方式1和方式3，无法有效实现对两个单元目标的评估。方式2不能实现对单元目标2的评估。而方式4则可以实现对单元目标1的评估，也可以实现对单元目标2的评估。

最后，确定这个单元的表现性任务："请从五篇文本中任选一篇，以其为蓝本改编并拍摄英文短剧，具体要求参看评估量规。"

在此，需要注意两个问题。

第一，注意单元目标的多元性。

大单元目标是综合的、多维度的，因此在设计评估方式时，还要考虑单元目标的多元性。针对不同维度的单元目标，应设计与之相匹配的评估方式。

当前提倡表现性评估，但这种方式也不能覆盖所有单元目标。需要记忆、背诵的内容，还是离不开传统的评估方式。因此，不应厚此薄彼。只有恰当地匹配单元目标，才可能获得准确的信息，确保评估的有效性。反之，获得的信息与单元目标的关联度降低，评估就会失去信度。

第二，兼顾评估的有效性与实用性。

不同评估方式的有效性与实用性存在差异。

例如，学生在表现性评估中表现得不好，往往有多种原因。是知识内容没有理解，还是技能没有掌握？是选择的学习成果有问题，还是时间不够？等等。因此，即使针对某一具体的单元目标，也不必拘泥于某一种评估方式。

如果仅仅评估学生对知识的掌握情况，纸笔测试就是很好的评估方式，不一定要进行表现性评估。毕竟表现性评估用时较长，而且要考虑所设计的表现性任务是否能覆盖所有知识。

如果全面评估学生面对真实问题时，如何选择策略、制定方案，如何进行推理、得出结论，此时，表现性评估就会显出优势。

即使纸笔测试，也可以不断优化题目设计，在考查学生对知识识记和理解的基础上，评估学生的比较、归纳、推理等思维能力。

例如，提供一些情境、素材和问题，请学生进行分析、比较、归纳、综合、推断、评价。这也可以考查学生应用知识解决问题的能力。

2. 围绕目标制定标准

我们都知道评估离不开标准，但在具体设计评估方式时，有时会沉浸在所创设的情境中，对评估标准思考不足。

例如，初中道德与法治"坚持宪法至上"单元，其中一个单元目标是"能够在实践中做出积极宣传宪法、践行宪法的合理方案"。针对这个单元目标，教师创设了真实的情境，与学区联合开展"学宪法，讲宪法"主题宣传活动，并设计了三种活动形式供学生自主选择（见表9-2）。[①]

表9-2 "学宪法，讲宪法"主题宣传活动

活动形式	具体要求
1. 宪法主题演讲	小组集体创作一份演讲稿，选派一位同学在课堂上现场演讲；小组其他成员负责制作背景音乐、背景课件等辅助工作，以增强演讲效果
2. 宪法主题宣传海报	小组集体创作一份宪法知识宣传海报，选派一位同学对所创作的海报进行解读
3. 模拟宪法宣誓	小组集体进行模拟宪法宣誓，对誓词及宣誓制度的由来进行详细介绍，并谈一谈模拟宣誓的感受

在上述任务中，教师考虑了真实情境，考虑了学生的不同兴趣和特长，演讲稿、海报、视频都可以作为学习成果，在学区微信公众号上展示。

但是实施下来发现，学生的关注点不是作品的内容，不是作品是否具有合理性、是否具有说服力，而是自己的作品能否被选上、能否在学区微信公众号上展示。

之所以造成这种结果，就是因为对活动本身考虑较多，而没有明确评估标准，对所设计的活动能否为达成学习目标提供证据缺乏内在的逻辑梳理。因此，即使学生完成了活动，也不能确定他们理解了所学内容，能够设计合理的方案宣传宪法、践行宪法。

---

① 该案例由北京十一学校杨静老师团队提供。

三、让评估过程成为学习过程

评估具有多重功能，不仅能考查单元目标的达成情况，还有激发和促进学生学习的作用。为更好地发挥评估的价值，不能在单元教学结束后才进行，而要将其贯穿于整个单元的学习，使评估过程成为学生学习的过程。

1. 评估前置

传统的教学设计一般是按照教学目标—教学过程—教学评估的顺序进行的，总认为只有学习完相关内容，才需要进行评估。如果这算作评估后置的话，评估前置则强调，教学设计应按照单元目标—单元评估—教学过程的思路来进行。

虽然具体设计过程不一定是线性的，但这提醒设计者要将单元评估放到教学过程之前考虑。也就是说，确定了单元目标后，就要思考如何能证明单元目标可以达成、达成单元目标的证据是什么。这样做至少有两个优势。

一个是可以确保所有单元活动都是基于评估展开的。如果评估方式是根据单元目标设计的，就可以确保所有单元活动都走在达成单元目标的路上，是有效的单元活动。

另一个是使后续教学过程变成评估的过程，使学生完成学习任务的过程也变成评估的过程，实现"教—学—评"一体化。

上述英语学科的案例，评估前置还是后置，教学过程会有很大差异（见表9-3）。

表 9-3　评估前置与后置的教学过程对比

单元目标	
1. 能够引用证据推断人物的情感	
2. 能够使用语言、表情和肢体动作等方式准确表达情感，且能够让他人推断出想表达的情感	

评估前置的教学过程	评估后置的教学过程
1. 学生从五篇文本中任选一篇，以其为蓝本改编并拍摄英文短剧	1. 教师带领学生依次学习相关文本
2. 提供英文短剧改编和拍摄的量规，学生按照量规完成学习任务，同时利用量规进行自评和互评	2. 重点分析、讲解文本中人物情感的表达
3. 教师针对学生完成学习任务过程中的问题提供支持和帮助	3. 通过课堂观察、提问了解学生的理解程度
4. 学生完成学习任务，即实现了评估，评估过程即学习过程	4. 学习结束后，教师提供检测题，或让学生改编并拍摄英文短剧

2. 注重过程性评估

通过评估前置，可以确保后续教学过程都是围绕单元目标展开的。学生可能会阅读，回答问题，完成表现性任务，参与小组讨论，做实验，等等。在这一过程中，不要忽略对学生学习过程的评估，否则依旧会影响整个单元目标的达成。

有的教师以为学生天生就会阅读，就会参与小组讨论。实际上，不经过指导和培训，学生的学习效率并不高，很难保证学习效果。另外，有的学生对所学内容不感兴趣，面对较为综合的学习任务时不愿思考和探究，即使愿意参与，也并不清楚做到什么程度是合格、做到什么程度是优秀。而所有这些问题都可以通过过程性评估来解决。

例如，上述"改编并拍摄英文短剧"的表现性任务，教师就是通过编制量规，引导学生进行过程性评估的。

量规中，不仅有评估标准，还有不同标准下具体学习行为的描述。通过量规，学生在完成学习任务之前就明确具体要求，知道哪些维度需要重点关注、做到什么程度算优秀。这样，学生就能顺利完成学习任务，达成单元目标。

利用量规，还可以实现师生之间、生生之间的多元评估。根据量规，教师可以对学生的作品进行评估，还可以引导学生进行自我评估，引导小组之间相互评估。

由于评估量规就在学生手里，学生可以随时学习，随时评估，随时改进，不断提升学习质量。因此，在大单元教学设计中，过程性评估是评估设计不可忽略的内容。

第 10 讲
为学习的发生设计学习资源与学习工具

如果说教学资源、教具更多地服务于教师的教，那么学习资源、学习工具则服务于学生的学。

要实现从教到学的转变，为学生设计学习资源与学习工具，就成为大单元教学设计不容忽视的内容。

✽ 明确使用目的是设计学习资源与学习工具的前提。

✽ 学习资源与学习工具设计应坚持多样化与可选择。

✽ 学习资源与学习工具设计应兼顾学生的学习需求与发展。

大单元教学设计中，有一项内容很容易被忽视，就是学习资源和学习工具的设计。在传统教学设计中，教师在如何教上花的心思比较多，很少考虑这方面的内容，以至于下列问题依旧困扰着不少教师。

①什么是学习工具？
②怎样开发和利用学习资源？
③如何利用学习资源和学习工具帮助学生学习？

一、为学生引来源头活水

新课程标准建议教师在实施课程时积极开发和利用课程资源，提示教师要利用一切可以利用的资源为教育教学服务。丰富的学习资源，对学生的学习来说如同源头活水，将极大影响或改变学生的学习过程和学习方式。

1. 如何使用教材

在诸多学习资源中，教材无疑处于举足轻重的地位。特别是根据普通高中课程标准编写的新教材，在单元重构、内容选择、栏目创新、题目改造等方面都做了不少调整和优化，特别突出了情境的创设和问题的解决，是发展学生核心素养的重要载体。

例如，浙江科学技术出版社的《普通高中教科书·生物学》，特别重视学科核心大概念的建构。为此教材提供了丰富的素材，为理解核心大概念提供了多种体验，并在"思考与练习"部分引导学生应用概念解决实际问题。

那么，如何使用好新教材呢？

首先，防止"穿新鞋走老路"的做法。

对新教材，不仅要关注哪些内容变了，更要理解为什么要变、为什么要这样变，还要通过学习和研究领会它的新内涵，并将其有效运用到教学设计中。要避免换汤不换药，依旧按照灌输的思路、按照教知识的逻辑设计教学。

目前，普通高中使用的新教材，是在课程标准提出学科核心素养之后编写的。新教材是如何体现课程标准的思想，如何把握课程标准的内容要求，在哪些地方突出核心素养培养的，这些内容应该成为大单元教学设计的重要素材。

其次，避免"唯书是从"的教材观。

认为书中一切观点都是正确的，所有题目的答案都要与书中描述的一致，教材是怎么说的学生就该怎么记、考试时就该怎么答，这种机械、僵化的教材观会限制学生的思维，制约学生的发展。长此以往，学生的创新精神、批判性思维就难以培养。

教师应该明确，教材不是学生的整个世界，它只是引领学生学习的一个实例、一个平台、一个载体，从此出发，最终要引领学生走出教材，直面真实生活中的问题和挑战，在更广阔的世界里锻炼他们的能力，提升他们的素养。

再次，克服"全覆盖教材"的误区。

"全覆盖教材"的做法在日常教学中并不少见。具体表现为在进行教学设计时，将教材上的所有内容全部放进教案，不论是事实还是案例，不论是正文还是课外链接，全部都要学，唯恐哪个点没讲到、哪个地方没提到。

这样"全覆盖教材"的教学设计，一定是灌输式的，即使全部时间都用于讲课，也不一定讲得完。即使讲完了，学生又能记住多少，理解多少呢？除了听讲、记笔记，学生还有其他学习体验吗？学生知道学习的重点是什么吗？知道学习这些内容的意义和价值吗？

教学不应是知识单向输入的过程，学生不应是接受知识的容器。新课程理念下的大单元教学，特别强调要提高学生的综合能力和核心素养。在进行教学设计时，不能只关注教材呈现了哪些内容，更要挖掘这些内容背后的育人价值，不断思考什么内容是重要的、学习这些内容对学生有什么用。

最后，探索将"教材"变为"学材"的方法。

这一点特别重要，教材是写给教师的，也是写给学生的。帮助学生学会阅读教材，学会挖掘表层知识背后的隐性知识，并利用教材解释、解决实际问题，是教会学生学习的重要内容。

将"教材"变为"学材"，意味着课堂中心的转变、教学方式的转变、学习方式的转变。课堂上，教师不会再僵化地用教材，机械地讲教材，而会将课堂中心转向学生的学习，将教材转变为引导学生学习的重要素材。

例如，在教学中引入真实的问题或案例，引导学生为解决问题而深入研究教材内容，展开探究。还可以引导学生将教材中的知识应用于实际生活，以增加学习的实用性和意义感。另外，还可以组织课堂讨论，引导学生分享他们对教材的理解和想法，促进学生深入思考和交流，等等。

将"教材"变为"学材"，需要教师精心设计。因为学生并不清楚教材编写者的编写意图，也不清楚其中蕴含的课程理念，需要教师引导和指导。

例如，浙江科学技术出版社的《普通高中教科书·生物学》在呈现学习内容时蕴含四条暗线（见表 10-1），教师可以将其明示给学生，引导学生关注相应的内容。

表 10-1　利用教材中蕴含的线索指导学生学习

线索	指导学生学习
概念线	引导学生建构概念体系，如大概念—重要概念—次位概念……
方法线	引导学生不仅掌握知识，还要学会研究生物学的常用方法，如假说演绎、模型建构、归纳概括……
能力线	引导学生注重学科能力的培养，如科学探究能力、逻辑思维能力……
素养线	引导学生关注学科核心素养的达成，如生命观念、科学思维、科学探究、社会责任

另外，教材还新增、优化了一些栏目，教师可以充分利用这些栏目，发挥其指导学生学习的功能（见表10-2）。

表 10-2　利用教材中的栏目指导学生学习

栏目	指导学生学习
学习目标	让学生明确学习方向，知道具体的学习内容
本章学习应聚焦的关键能力	让学生知道本章核心素养培养的侧重点
活动	引导学生由此建构概念，培养科学思维，进行科学探究，掌握科学方法
思考与练习	让学生评估、反馈自己的学习效果
本章小结	引导学生归纳、提炼概念，形成结构化的知识体系

2. 怎样调配资源

无论教材编写得多么完美，其内容和结构都会蕴含整齐划一的同质性，无法完全满足教学多样化和学生个性化的需求。根据课程标准，结合具体的单元目标，对教材进行取舍和调整，或者选择更加适宜的材料，同样是正确的选择。

例如，高中语文"非虚构文学阅读"单元，教师从三个维度设计了单元目标[①]：

积累目标

1. 能够分辨纪实文学与其他叙事类作品的区别，了解纪实文学的特点。

2. 能够在阅读文献资料的基础上初步概括出非虚构文学作品的特征。

阅读目标

1. 在阅读纪实文学作品时，能够洞察作者的主旨，推断作者的情感倾向。

2. 能够识别并分析纪实文学作品的叙述策略，例如修辞手法、独特的开头方式等。

3. 在观看纪录片或其他非文字资料后，能够体会其与非虚构作品不同的表达效果。

写作目标

1. 能够完成一篇长篇纪实文学作品（不少于5000字）。

2. 会搜集材料，剪裁得当，主题集中，有一定的感染力。

要达成上述单元目标，教材所提供的文本资源就略显匮乏。于是，教师根据单元目标，为学生提供了以下学习资源：

[①] 该案例由北京十一学校闫存林老师团队提供。

短篇非虚构文学作品：胡冬林《金角鹿》、李娟《冬牧场》(《冬牧场》节选)、范雨素《我是范雨素》(源自网络)。

非虚构文学理论资料：梁鸿《非虚构的真实》、房伟《"现实消失"的焦虑及可能性》、徐勇《"非虚构"：一个亟待厘清的范畴》、王安忆《虚构与非虚构》。

整本书：埃德加·斯诺《红星照耀中国》、梁鸿《中国在梁庄》、蕾切尔·卡森《寂静的春天》、柴静《看见》、彼得·海斯勒《寻路中国：从乡村到工厂的自驾之旅》。其他推荐：冯骥才《一百个人的十年》、阿列克谢耶维奇《锌皮娃娃兵》、李娟《冬牧场》《我的阿勒泰》。

影视及作家讲座：《舌尖上的中国》《我们诞生在中国》、梁鸿"非虚构文学写作"。

有的教师可能会质疑，一个单元的学习，有必要提供这么多种资源吗？这就涉及准备学习资源应该注意的几个问题。

首先，资源要服务于单元目标。

上述四类资源有不同的功能，可以帮助学生从多个维度感知、理解、体验、创作非虚构文学作品，达成单元目标。

第一类资源，可以让学生初步感知非虚构文学作品，弄清虚构与非虚构的区别。

第二类资源，可以让学生阅读相关理论，深入理解学术界对非虚构文学概念的界定、非虚构文学的语体特征和阅读方法。

第三类资源，可以让学生进入整本书阅读，回归生活中阅读的真实状态，在更为广阔的领域里体验非虚构文学作品的魅力。

第四类资源，请作家到学校做报告可以让学生近距离接触非虚构文学作家，了解一部非虚构文学作品是如何诞生的。

其次，资源要尽可能丰富多样。

学习资源的丰富多样，一方面体现为资源种类的丰富多样，比如不同视角、不同专家、不同时代的理论和观点等，借此尽可能帮助学生打开视野，拓展思维。另一方面体现在资源形式上，比如文本、实验、图表、图片、视频等。还可以体现为资源难度的不同等。这可以为不同学习方式、不同学习基础的学生提供多样化选择的机会。

丰富的资源以及不同难度、不同形式的资源组合，可以满足学生个性化的学习需求，实现对每位学生的支持和帮助。

最后，资源要经过筛选、加工。

资源不能为使用而使用，要服务于单元目标，能帮助学生学习，而不是增加学生的负担。因此，对资源的筛选、加工就显得特别重要。

判断一种资源是否合适、是否有价值的一个重要原则，就是看它能否支撑学生的学习，能否服务于学生的学习，能否帮助学生完成学习任务，达成单元目标。

二、让学习之舟自由航行

"工欲善其事，必先利其器。"在从教到学的课堂上，学习工具发挥出越来越大的力量。为学生准备有效的学习工具，可以大大提高学习效率，起到事半功倍的作用。

1. 发挥工具的力量

很多教师都有这样的经历：教学中抽象、难懂的内容，怎么说学生也不明白，怎么讲学生也不理解。此时如果有一个适宜的教具，问题往往就能迎刃而解。

学生的学习也是一样，适宜的学习工具，如同爬山过程中别人递过来的一只手，可以使学生获得帮助和支持、引导和鼓励，从而顺利到达山顶，完成学习任务，达成单元目标。

学习工具包含的内容很广，既可以是具体的学习工具，如表格、提示单、简易框架图等，也可以是学习评估工具、学习诊断工具、学习效果反馈工具，以及帮助学生越过各种学习难点的脚手架等。

大单元目标的设计、核心大概念的概括需要教师团队的力量，而学习工具的设计则带有很强的教师个性。不同班级、不同学生的需求常常是不同的，需要教师真正俯下身去，了解每一位学生，关注每一位学生的学习。教师应该了解他们的认知起点，找到他们的学习基础与单元目标之间的距离，及时发现他们在学习过程中遇到的问题与困难，给予他们适时、适切的帮助。

例如，在艺术学科"漏版年画"单元的教学设计中，教师希望学生能够从传统的五色年画切入，结合自己的实际生活以及对社会的观察与思考，为自己家创作一幅年画作品。

如何帮助学生确定年画主题，掌握专业的漏版制作技术？教师将创作年画这一核心任务分解为三个子任务，并设计了六个学习工具，用来帮助学生完成作品制作（见表10-3）。[①]

---

① 该案例由北京十一学校崔德政老师团队提供。

表 10-3 "为自己家创作年画"核心任务分解与相应的学习工具

子任务	学习工具	设计意图
1.完成一份设计方案	1. 与家人交流表 	成员	职业	喜好	忌讳
---	---	---	---
爸爸			
妈妈			
爷爷			
奶奶			
姥爷			
姥姥					通过与家人的交流，了解家人的职业、喜欢或不喜欢的东西，进而了解自己的家庭文化和家风，为确定年画的主题元素做准备
	2. 分析年画中色彩比例的图形处理软件 10%　20%　45%　20%　5% 喜 在中国红色代表喜庆、吉祥 避 有的地方会忌讳使用某些颜色	分析年画中的色彩比例，包括年画色彩中喜与避的讲究，进而把色彩比例、搭配等运用到年画制作中，更好地完成子任务 1

子任务	学习工具	设计意图
2. 根据设计方案，进行分版、套印，制作年画	3. 漏印版画的套印技法 	帮助学生了解漏印版画的专业套印技法
	4. 微课，如了解漏印版画的小视频等	帮助学生解决制版过程中遇到的问题，如材料问题、拿刻刀的手法和刀法组织方式等
	5. 评估作品的量规	用于学生自评、互评和师评，不断优化、完善作品
3. 为自己制作的年画写一份说明书	6. 作品说明书示例	指导学生从制作、色彩和立意等几个方面阐释作品

2. 重视量规的作用

在诸多学习工具中，量规在帮助学生学习方面发挥着越来越大的作用，以至于学习设计量规成为教师进行大单元教学设计的必修课。

首先，量规是一种很好的评估工具。

它不是普通的评价量表，不是用来给学生打分的。它描述的是学生的学习行为、学习表现，让学生知道做到什么程度是优秀，做到什么程度是合格，如果想提高还可以怎么做……

当学生看到学习行为描述时，就可以对自己的学习现状做出评估，就知道自己处于什么层级。当然，也可以借助量规进行同学之间的互评，以及教师对学生的评估。

其次，量规是一种很好的学习工具。

它不仅能帮助学生对自己的学习情况进行自我评估，还可以指导学生学习。

通常，量规的纵列，是学习内容或学习任务的关键点、核心内容，是最需要关注或评估的内容。横行，则设置不同的层级。在两者形成的表格里，分别描述不同内容、不同层级的学习行为。

这样就可以让学生知道哪些内容比较重要、关键维度是什么，而且知道做到什么程度就达标、做到什么程度是优秀。通过评估，学生即使没有达到优秀，也知道优秀是什么样子、如何做才能达到优秀。这样就可以引领、指导学生学习。

例如，表 10-3 中的学习工具 5——评估作品的量规，针对年画作品，教师设置了"学徒级""入门级""大师级"三个层级，从立意、色彩、制作三个方面进行描述（见表 10-4）。

表 10-4　年画作品量规

层级 维度	大师级	入门级	学徒级
立意	能够充分跟家人沟通，了解自己的家风，传承一种家庭文化，确定作品元素，作品体现文化创新	跟家人进行沟通，了解自己的家庭文化，确定作品元素，作品具有一定的文化立意	不能跟家人进行有效沟通，作品立意流于表面，作品元素模糊，不能体现出一种家庭文化
色彩	能够掌握传统五色观的文化内涵，运用传统五色进行色彩搭配，具有审美倾向	能够掌握传统五色观的代表器物，作品体现出传统五色观	不能掌握传统五色观，色彩搭配混乱，不具有审美倾向
制作	制作精美，分版明确，套印清楚，有三到四层色版，无错版、重影现象	制作一般，分版清楚，有两到三层色版，基本无错版、重影现象	制作粗糙，单色漏印，无分版设计，出现错版现象

第 11 讲
大单元教学设计需要支架

支架，作为一种实现目标的重要工具，不仅是大单元教学设计中不可忽略的内容，也是大单元教学设计本身离不开的工具。

如何解读课程标准，怎样叙写单元目标，如何概括核心大概念，怎样设计核心任务，都需要支架的帮助。

※ 搭建落实核心素养的目标系统。

※ 提供叙写大单元目标的模板。

※ 概括核心大概念的常用路径。

※ 设计核心任务的关键词。

本讲所谈的支架主要是服务于教师的。也就是说，教师在进行大单元教学设计时，同样需要工具的帮助。以下问题所涉及的支架，是教师在进行大单元教学设计时尤为需要的。

①什么样的支架可以帮助教师设计大单元目标？
②概括核心大概念的常用路径是什么？
③可以围绕哪些关键词设计核心任务？

一、设计大单元目标的支架

相对于课时来说，大单元具有整体性；而相对于一门课程来说，大单元也只是整体的一部分。

设计大单元目标，不能局限于一个单元，不能一个单元一个单元地进行。即使是从核心素养出发，如果各个单元目标之间缺乏联系，彼此孤立，没有形成系统，那么也很难保证核心素养有效落实。

因此，要站在课程的高度，根据课程总目标，系统性设计大单元目标，建立起一个能落实核心素养、实现课程育人的目标系统，让学生经历一个有组织的、循序渐进的学习过程。

1. 搭建目标系统

这是设计大单元目标的一个支架。

有了这个支架，就可以避免大单元目标设计的随意性，也可以克服对核心素养的不同维度顾此失彼或者厚此薄彼的现象，从而确保每个大单元目标的适切性，确保每个大单元教学都走在通往课程总目标的路上。

这个支架是按照"课程—模块—单元—课时"的链条展开的。

从课程结构来看，一门课程通常分为不同的模块，如必修模块与选修模块。每个模块，有的学科分为不同的单元，有的分为不同的主题群／任务群，有的分为不同的章节。每个单元、主题群／任务群或章节又需要若干课时来完成。这样，一门课程就被分解成"课程—模块—单元（主题群／任务群、章节）—课时"链条中不同的节点。

搭建目标系统，就是将上述链条中各个节点的目标关联起来，将学科核心素养与各个节点的学习内容联系起来；对课程总目标进行分解，结合具体学习内容，将其落实到上述链条不同节点的目标中；使各个节点的目标既边界清晰，又相互关联，或不断进阶，或夯实强化，或持续深入，成为一个环环相扣、成体系的整体。

具体来说，每节课的目标不是零散的，而是围绕单元目标设计的；一个单元的目标也不是孤立的，而是在模块目标下设计的；一个模块的目标又来自这门课程的目标；一门课程的目标又是由课程总目标分解来的。这样，每一级目标彼此之间有联系，与上（下）一级目标也有关联，一个结构化的目标系统就搭建起来了。

只有按照上述链条搭建起目标系统，才能确保每个课时的目标完成了，一个单元的目标就实现了；每个单元的目标完成了，一个模块的目标就实现了；每个模块的目标完成了，这门课程的目标就达成了，落实核心素养这个课程总目标就达成了（见图11-1）。

需要说明的是，此时的单元不一定是课程结构中的单元，也不一定是课程结构中的主题群／任务群或章节，也可能是由单元（主题群／任务群、章节）分解或合并来的，还可能是根据课程目标、模块目标重构的单元。

图 11-1 根据课程标准搭建目标系统

搭建目标系统时，显然要以国家课程标准为依据，其中有两个内容需要特别重视，一个是课程内容，一个是学业质量。

课程内容明确了每门课程的学习内容，并提出了内容要求和学业要求，给出了教学提示。有的学科还给出了每一部分的学习目标。例如，语文学科针对每个学习任务群都给出了具体的学习目标。

学业质量是学生完成学科课程学习后的学业成就表现，学业质量标准是以学科核心素养及其表现水平为主要维度，结合课程内容，对学生学业成就表现的总体刻画。而且，根据不同水平学业成就表现的关键特征，将学业质量划分为不同水平。例如，高中历史学科学业质量水平分为四级，高中物理学科分为五级。

这些内容使教师既知道课程实施的终点，又明确课程实施的过程，从而有效分解课程总目标，搭建目标系统。

2.提供叙写目标的模板

按照国家课程标准搭建目标系统后，如何叙写单元目标呢？

第4讲中已经提供了两个模板：一个是 UbD 模板，另一个是 DOK 模板。

这两个模板，都强调知识的应用，强调重要概念的建构，可以帮助教师跨越知识点，在更大的情境下、更核心的问题上、更大的概念层面叙写单元目标（见表 11-1、表 11-2）。

表 11-1　生物"细胞结构"单元利用 UbD 模板叙写的单元目标 [①]

学习迁移
学生能应用本单元的知识，解释细胞以及其他层次生命系统结构与功能相适应的现象，并对各部分结构之间如何协调配合完成生命活动做出合理解释

理解意义	
学生将持久理解： 细胞各部分结构既分工又合作，共同执行细胞的各项生命活动	学生将不断思考： 细胞各部分结构是如何既分工又合作，共同执行细胞的各项生命活动的

掌握知能	
学生应掌握的知识： 细胞膜的结构与功能、细胞器的结构与功能、细胞核的结构与功能、原核细胞与真核细胞的区分等	学生应形成的技能： 利用高倍光学显微镜观察细胞和细胞器，学习制作真核细胞的结构模型

表 11-2　语文"《乡土中国》整本书阅读"单元利用 DOK 模板叙写的单元目标 [②]

回忆与再现	能说出《乡土中国》的创作背景、核心概念、基本观点
技能与概念	能概括出各章的主要观点并发现各章之间的逻辑关联，以思维导图的形式整体描绘全书的知识体系与逻辑框架
问题解决与应用	能运用书中的概念与理论解释当代社会现象，结合"乡土中国"的文化内涵分析中国乡村伴随着社会转型的巨大变迁
思维迁移与创造	能以新的时代视角重新审视书中的观点，有理有据地发表评价，以议论文的形式表达自己的新观点；能初步学习并运用社科类学术著作的阅读方法，建构起整本书阅读经验

---

① 该案例由北京十一学校刘赛男老师团队提供。

② 该案例由北京十一学校闫存林老师团队提供。

另外，刘徽在《大概念教学：素养导向的单元整体设计》中，也提供了一个叙写单元目标的模板（见表 11-3），提示教师设计大单元目标时，要从多个维度出发，对不同维度的内容进行结构化整合。

表 11-3　单元目标设计模板 ①

素养目标		
学生在今后学习或真实生活中能够具备……素养		
层面	单元大概念	具体单元目标
跨学科层面	大概念1：…… 学生将会理解……	1.1 情感维（学生具备……的意识） 1.2 认知维（学生将知道……，理解……） 1.3 技能维（学生能够做到……）
	……	……
学科层面	大概念1：…… 学生将会理解……	1.1 情感维（学生具备……的意识） 1.2 认知维（学生将知道……，理解……） 1.3 技能维（学生能够做到……）
	……	……
其他具体单元目标		
学会操作……；学会……动作；会写……；熟练掌握……计算；认识生字……		

该模板中的"素养目标"，就是学生学习这个单元后能具备什么样的素养，突出学生在真实生活中解决问题的素养，可以用"能够……"的句式呈现。"单元大概念"分为跨学科和学科两个层面，可以用"会理解……"来陈述。"具体单元目标"是对单元大概念的细化。例如，大概念 1 对应具体单元目标的 1.1、1.2、1.3，两者之间存

---

① 刘徽. 大概念教学：素养导向的单元整体设计 [M]. 北京：教育科学出版社，2022：292-293.

在对应关系。"其他具体单元目标"是指与单元大概念关联性不强的具体单元目标。

二、概括核心大概念的常用路径

如何概括核心大概念一直是大单元教学设计的一个难点。第5讲中提供了三种常用方法，本讲进一步讨论核心大概念的概括路径。

1. 从文本中概括

这里的文本主要指教学文本，就是教师在教育教学实践中经常用到的文本资源，如课程标准、各个版本的教材、学科史实、专业著作、专业论文等。

各学科课程标准中的课程性质、课程理念、课程目标、课程结构、课程内容、学业质量、实施建议等，都是国家对基础教育课程的基本规范和质量要求，很多都聚焦或蕴含核心大概念。所以，可以从课程标准的高频话语中概括核心大概念。

各学科教材，都是按照课程标准编写的，以落实课程标准的要求为目标。因此，也可以从教材中概括核心大概念。除了从知识点中概括外，教材中的单元主题、章节标题、开篇的问题探讨，以及单元总结或每章小结也都是很好的切入点。

除此之外，学科史实、专业著作、专业论文等也会呈现学科问题的探索过程，体现作者对学科本质的思考和对相关问题的理解。这些也可以帮助教师加深对学科本质的理解，从中也可以概括出核心大概念。

2. 从实践中概括

教育教学的实践过程，如确定教学重点与难点时、对核心问题的持续思考过程中、设计教学评估时、解决问题的过程中等，都蕴含概括核心大概念的很多契机。

例如，核心问题是指向学科核心和本质的问题，与核心大概念具有相同的属性，通过对核心问题的持续思考，可以概括出核心大概念。

同样，在指导学生完成学习任务时，在帮助学生解决问题的过程中，教师也可以不断厘清解决问题的思路，排除细枝末节，最终发现解决问题的关键，抓住本质，从而概括出核心大概念。

在日常教学中，不少教师都有化零为整，深入学科本质进行结构化思考的习惯，只是需要进一步增强意识，更加自觉地重视核心大概念的概括和应用。思考下列问题，可以促进对核心大概念的概括。

①研究……的意义和价值是什么？

②如果学生不能理解什么，就不能实现迁移应用？

③为什么要攻克这个难点？它难在哪里？

④什么问题可以激发学生对更多问题进行思考？

⑤学生具有怎样的表现，就说明他们理解了？

⑥解决这个问题的基本思路是什么？关键点在哪里？

三、设计核心任务的关键词

大单元的学习任务有不同类型，其中核心任务的设计比较有挑战性。

第 7 讲给出了设计核心任务的视角，本讲聚焦设计核心任务的关键词进行阐述。

1. 目标维度

从目标维度来看，设计核心任务有三个关键词：实践性、综合性、挑战性。

强调实践性，是因为核心素养的形成从本质上说就是一种实践过程。没有实践、体验、感悟，只有记忆、背诵、理解，就很难形成核心素养。只有通过实践，将书本上的知识与学生的生活有机融合在一起，外在的知识才能变成学生内在的能力和品格。

大单元教学设计的最终目标是落实核心素养，知识应用和解决实际问题是重要的单元目标。从这个角度来说，实践性应该是核心任务必不可少的特质。学生在完成核心任务的过程中，是否经历观察、考察、实验、调研、设计、策划、制作、观赏、阅读、创作等学科活动，成为核心任务是否符合要求的一个标准。

核心任务要承载落实核心素养的大单元目标，就必然会直面生活中的现实问题、真实问题。这些问题往往是综合性的、具有挑战性的。问题的解决不仅需要一个单元的知识，还可能需要跨单元甚至跨学科的知识。

此外，真实的问题，往往结构不良，没有现成的答案，也没有可以直接套用的公式，挑战性显而易见。因此，综合性和挑战性也是核心任务的特征。

2. 学生维度

核心任务是学生要完成的任务，因此，一定要让学生喜欢做，愿意做，能够上手做。从学生维度出发，设计核心任务有三个关键词：有乐趣、能操作、可选择（见图 11-2）。

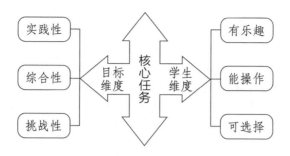

图 11-2　设计核心任务的关键词

核心任务一定要有乐趣，让学生感兴趣，因为学生没有兴趣，就没有学习。需要说明的是，对学习兴趣的激发要贯穿整个核心任务的完成过程，仅仅在核心任务的引入环节让学生感到有乐趣是不够的。随着任务的进行、难度的增加，应注意维持学生探究的热情、实践的积极性。

这时，让学生看到单元目标，为学生搭建台阶，提供工具和脚手架，使学生始终感觉能上手，能操作，就显得特别重要。

"可选择"这个关键词，看似奢侈，实际上很有必要。理由很简单，学生是不一样的，他们的兴趣爱好不同，学习基础和学习能力也有差异。如果要让不同的学生都能在原有基础上有所提高，就必然要考虑核心任务的可选择。

因此，根据单元目标，设计不同种类、不同难度的核心任务是有必要的。这也是激发学生兴趣，让所有学生都能上手做的保证。

第 12 讲
大单元教学设计中的作业优化

作业，不仅可以巩固课堂上所学的知识和技能，还可以发展学生的核心素养并诊断核心素养的发展情况。

作为大单元教学设计的重要环节，作业设计的目标，应与大单元目标保持一致，通过对作业的整体性和系统性优化，落实核心素养，实现课程育人。

❋ 重新思考作业的功能与价值。

❋ 优化作业的设计流程。

❋ 提高作业的设计标准。

大单元教学设计是系统性和整体性设计，作业设计是其重要环节。传统作业设计的思路和方法，亟须改进和优化，要围绕大单元教学设计的立意、原则和目标来设计作业。应重点关注以下几个问题：

①作业如何体现核心素养？

②可以通过哪些维度提升作业质量？

③怎样从整体性出发，系统性地设计作业？

一、精准聚焦目标

在当前素养时代，课时教学正在走向大单元教学，作业也被赋予新的内涵。

作业不仅是巩固知识与技能的工具，更是培养学生自主学习、提升学生学科思维、落实学生核心素养的重要工具。作为课堂教学的必要补充，它的根本目的是促进学生全面发展。

1. 落实大单元目标

长期以来，教学目标过于偏重对知识的掌握，对作业功能的定位存在偏差；加上课时教学的特点，使教师总以为作业就是为了巩固和强化课堂上所学的内容，肩负着巩固复习、查缺补漏的功能。

设计作业时，教师更多考虑的是知识的巩固与落实，对重点知识、考点关注得比较多；除了习题、考题，很少思考作业的其他内容和形式，对作业的育人价值理解得不够深入。

通常，作业来源于教材中的"思考与练习"栏目，由于这个栏目中题目一般不会太多，教师还会为学生配备一本练习册或习题集。这本练习册或习题集多数情况下都是市场上现成的教辅资料，也有一些学校要求教师根据实际教学情况自行编写。不论哪种情况，其内容基本上都是选择题、填空题、判断题、连线题、简答题、论述题等各类题目。

这种现状造成作业几乎等于做题，形式比较单一；而且题目都是根据零散的知识点设计的，因此机械、重复训练的现象较为常见。这虽能使知识和技能得到巩固，却也会挫伤学生学习的积极性和创造性。

大单元教学设计中的作业优化，就是要克服这些弊端，走出课时教学作业设计的局限，在更广阔的视野下，在更复杂的情境中，在更长的时间周期内，设计更加多样、丰富、符合学生发展需求的作业。

要落实大单元目标，首先要理解它。大单元教学设计立足学生全面发展，以落实核心素养为目标，更强调学生的主体作用，更突出学生的学习，通过真实情境、真实问题，引导学生分析、思考、探究、实践，培养学生更加综合的能力和素养。

其次，作业目标要与大单元目标保持一致。大单元目标中有两个内容特别重要，一个是运用所学内容解决问题的能力，另一个是运用基础知识与基本技能进行意义建构的能力。在设计作业时，对这两个内容要特别重视，使其得到有效落实。

最后，还要纠正过于偏重知识、忽略实践的现状，突破作业过于零散、只是做题的束缚，走出过量布置重复性作业抢占学生时间的恶性循环；创新作业的形式和内容，赋予作业应有的价值和意义。

教师可反思下列问题，重新思考作业的功能与定位。

①设计作业的意义是什么？

②作业的价值体现在哪些方面？

③除了复习、巩固知识，作业还有什么作用？

④除了做题，还可以让学生做什么？为什么？

2. 制定作业目标

这一点特别重要，它是以往教师设计作业时的软肋。

原因之一是，过去教师布置作业，多数情况都是将现成的题目布置给学生，很少考虑作业目标。即使考虑过，也是在知识巩固和掌握的范畴内，很少真正从学生成长的角度去思考作业的价值。

原因之二是，过去教师布置的作业，几乎都是课时作业，就是针对某节课学习设计的作业，通常是下课前布置，再次上课前学生就要完成。受时间的制约，教师也很难突破作业形式，反思作业功能。

当下，作业目标，除了要对齐大单元目标，还要考虑大单元教学的特点，结合大单元内容，整体性、系统性地制定。既可以制定长周期作业目标，也可以制定短周期作业目标。

长周期作业，可以是整个单元学习结束后要完成的作业。由于突破了课时限制，可以考虑设计一些情境更复杂、更具挑战性和综合性的作业，如拓展延伸类、综合实践类作业。

短周期作业，即使是课时作业，也不能回到罗列知识点、反复训练考点的模式中，同样要根据大单元教学落实核心素养的具体要求、大单元教学要解决的具体问题、要理解的核心大概念，通过选编、改编、创编等方式进行设计，确保它们服务于大单元目标。

教师可思考下列问题，不断优化作业目标。

①作业目标是否体现了核心素养？

②作业目标是否与大单元目标一致？

③长周期作业目标的侧重点是什么？

④短周期作业目标的关注点是什么？

⑤长周期、短周期作业目标之间的关联度怎样？

二、注重单元视角

在单元视角下设计作业，就是要对课时教学下的作业进行调整、组合，甚至化零为整进行重构，克服作业的零散性、孤立性、片面性和单一性。

1. 整体性设计作业

主要是处理好两个关系。

一个是大单元教学设计与作业设计之间的关系。大单元教学设计是一个整体，作业设计是它的一部分。因为是整体与部分的关系，所以，作业设计要与大单元教学设计的整体性保持一致。具体来说，要考虑目标的整体性、内容的整体性、评估的整体性、时间的整体性等。

另一个是单元作业之间的关系。一个单元的学习一般要持续多个课时，其中有的作业依旧是按照课时设计的，有的则要跨越几个课时，还有的要到整个单元学习结束后才能完成。所有这些作业要作为一个整体来设计，既不能孤立地设计课时作业，也不能片面地将作业都设计成综合性作业。

例如，初中语文"《简·爱》整本书阅读"单元，教师根据单元目标和单元内容，对作业做了整体性规划和设计。[①]

首先，通过快速阅读整本书、回读人物细节描写、以问题为引导

---

① 该案例由北京十一学校姜星星老师团队提供。

深入阅读三种方式，递进式引导学生展开对文学作品的阅读与鉴赏，并为此设计了不同时长的课前、课中和课后作业。

课前作业

读卷一第一章到第四章，并按"六要素法"归纳出主人公在盖茨黑德府的生活状况，勾画能体现主人公童年时期性格的细节描写，完成对应的表格内容。

设计意图：训练学生结合具体情节和细节描写，分析主要人物性格特点的能力，使其关注、学习细节描写。

课中作业

以简·爱为中心，梳理小说中与简·爱有关联的人物以及他们的故事，分析这些人物及其经历对简·爱的影响。

设计意图：训练学生迅速提炼文章主要内容，了解文章主题，理解重要语段的意义和作用的能力。

课后作业

小说按照时间顺序写了主人公在五个主要地方的生活。在不同的地方认识了不同的人，发生了不同的故事，对简·爱的生活和成长都有不同的影响。请以地点为线索，绘制一张简·爱"灰姑娘"式的成长轨迹图。

设计意图：提升学生在阅读文本过程中对简·爱在不同地点的成长经历及其性格特点的分析能力。

其次，根据单元的迁移应用目标与核心大概念的理解目标，设计了跨越整个单元学习的长周期作业，而且这个作业就是本单元要完成的核心任务。这样就使课上学习与课下作业有机融合在一起，而且作业与整个单元的学习在目标、内容、评估上都保持了一致。

迁移应用目标

通过有效选取、组织和分析文本内容，独立解读文学作品的个性化特征。

长周期作业

以小组为单位，改编、创作一个《简·爱》微话剧剧本。建议剧本内容和人物形象保持原作特色。单元学习结束后，以小组为单位，进行微话剧剧本演绎大赛（量规另附）。

设计意图：通过典型情节选取以及表演过程，评估学生对简·爱的性格特点的理解。通过有效选取、组织和分析文本内容，提升学生独立解读文学作品个性化特征的能力。

2. 系统性设计作业

需要注意两个主要维度。

一个是不同层次作业，如不同类型、不同难度、不同时长等作业的比例。另一个是不同形式作业，如书面、实践、阅读、手工制作等作业的搭配。

系统性设计作业，就是强调一个单元内，不论是不同层次的作业，还是不同形式的作业，都需要系统性思考，梳理好作业之间的逻辑关系。根据作业目标，科学合理地进行作业配置，实现单元作业的结构化，促进学生对学科更加完整的认知。

上述案例，对整个单元的作业，不论在作业类型、作业难度、作业时长还是在作业形式上都进行了结构化设计。

例如，改编、创作《简·爱》微话剧剧本这个作业，要在充分了解小说内容、具体情节和细节描写，充分认识人物性格特点的基础上才能完成。这对学生来说具有一定难度。为此，教师将其分解，设计了三个难度稍小的作业作为脚手架，帮助学生完成挑战性作业。

①小说按照时间顺序写了主人公在五个主要地方的生活。以地点为线索，绘制一张简·爱"灰姑娘"式的成长轨迹图。

②请从《简·爱》三十八个章节中选出你最喜欢的六个章节，并进行章节剧情排行榜的写作（提供写作建议）。

③以小组为单位，策划、创作《简·爱》微话剧剧本。

另外，单元的知识与技能目标如何落实呢？配合阅读进展，教师还设计了多项课时作业，一方面，推进学生自主阅读；另一方面，帮助学生学习细节描写，学会分析人物的性格特点。

其中一项课时作业如下：

读××章，按"六要素法"归纳主人公在某个具体环境中的生活状况，勾画能体现主人公这一时期性格的细节描写，完成表格中的小标题、地点、主要人物、生活状况、细节描写等内容。

三、突出实效性

不可否认，课时教学背景下的作业，对帮助学生巩固基础知识有重要作用。之所以要优化作业，是希望通过大单元教学的新思路和新方法，借助大单元教学的新路径，发挥作业更全面的功能，更加突出作业育人的价值。

1. 为学生设计作业

过去设计作业当然也是为了学生，不过，当下"为学生"的立意提高了，内涵也更丰富了。

首先，要提高对作业的认知，突破作业目标的窄化倾向。

不能简单地让学生抄抄写写，不能习惯性布置一些题目，也不能仅让学生背诵、默写、记住一些知识，解一些题目，而是要认真思考：所设计的作业，能否落实核心素养，促进学生全面发展？能否帮助学生理解核心大概念，提高学生解决问题、迁移应用的能力？能否激发学生的学习热情，促进学生深度思考？

其次，要具体化、细化对学生的认识，心中要有真实的人。

要将抽象的学生转变为具体的学生，知道他们的学习基础、兴趣、爱好和特长，了解他们的真实需求，摸清他们的最近发展区，为他们设计个性化、多样化、有选择的作业，使他们都能通过作业有所收获，有所发展。

例如，针对高中地理"地球运动的地理意义"这一内容设计作业时，教师既关注到作业要落实大单元目标，也关注到学生心智发展水平、思维水平的差异，选择了不同的学习情境，设计了分层作业。[①]

设计依据：学业质量水平"情境与要素"维度的不同水平。

分层作业：

A层作业：提供熟悉的学科情境，让学生简单分析单一要素。

例如，提供教材中学生较为熟悉的图形，设计读取图中相关信息的作业。

B层作业：提供简单的生活情境，让学生简单分析多个要素。

---

① 该案例由北京十一学校罗威老师团队提供。

例如，研学小组正午观测房屋采光状况时，发现甲楼阴影恰好遮住乙楼中部三层的情况，并提供具体的测量数据，然后设计问题。

C层作业：提供真实、复杂的情境，让学生综合分析多个要素。

例如，观测2022年北京冬奥会延庆赛区小海坨山冬至日正午太阳的高度。

完成方式：课余时间完成，可选择A、A+B、A+B+C。

2.让作业成就学生

这不仅涉及作业的质量，更关系到作业的实施、评估和反馈。确切地说，高目标、高质量的作业，还需要通过有效实施、有效评估、及时反馈才能真正发挥作用。只有经历作业的设计—实施—评估—反馈的完整过程，才能最终达成作业的目标，落实大单元目标，培育核心素养。

例如，呈现作业时，教师给学生提供的不应该是孤立的内容——要写什么、要做什么，而应包含作业目标、内容、形式、要求、评估等一系列内容。

这样就可以培养学生的目标意识、评估意识，让他们知道通过完成作业，要掌握什么，学会什么，理解什么，养成什么，潜移默化地指导学生的学习。

在大单元教学背景下，作业的形式和内容更加丰富。如果是跨课时的长周期作业，就会涉及如何规划、怎样合理安排的问题。学生要学会制定规划，分解任务，协调安排各个要素，确保在规定时间内完成作业。这一过程对学生的自我规划能力、自主学习能力都是很好的锻炼和培养。

如果是小组合作的综合性作业，学生不仅要灵活运用所学的内容，还要处理好同伴关系，学习如何合理分工、怎样沟通交流、怎样协同合作。这一过程无疑会促进学生综合能力和核心素养的提升。

初中历史"中华民族的抗日战争"单元，围绕单元目标，教师设计了多种层次、多种形式的作业，为学生的全面发展搭建了多个平台。①

走进云端博物馆，感受中国人民在抗日战争中不屈不挠、浴血奋战的光辉历史，弘扬抗战精神，并完成以下作业。

作业1：绘制中国人民抗日战争历程时间轴

（要求：至少包含10个历史事件，涵盖日本侵华罪行、国共两党抗战的艰苦历程等多个角度。附量规。）

作业2：建构中国人民抗日战争的单元知识体系

（要求：从日本的侵略和中国人民的抗争两个角度展示抗日战争全貌，凸显典型史实。附参考小工具。）

作业3："烽火印记——脱口而出的抗战英雄"

（要求：请选择国共两党合作抗战时期的民族英雄，查阅资料，撰写英雄小传，讲述英雄故事。附量规。）

作业4：云端博物馆中说历史

（要求：任选一个展区，选择一个展品，撰写解说词。附量规。）

作业5：文献研究

（要求：请借助文献研究法，对如何理解"中国共产党是抗日战争的中流砥柱，中国战场是世界反法西斯战争的东方主战场"进行文献研究。附学习工具和量规。）

作业6：设计抗日战争纪念馆研学手册

（要求：我校即将开展参观中国人民抗日战争纪念馆活动，请以小组为单位，设计抗日战争纪念馆研学手册。附量规。）

---

① 该案例由北京十一学校孙鸿金老师团队提供。

总之，学生完成作业的过程，是一次学习的过程、一次检测的过程、一次评估的过程，更是一次被激发、被激励的过程。在大单元教学背景下设计的作业，应承载起激发学生、唤醒学生、成就学生全面成长的功能。

第 13 讲
大单元教学框架下的新课时

新课时，是相对传统课时而言的。它"新"在不是孤立的课时，而是大单元教学框架下的课时，是为实现大单元目标设计的。

它同样聚焦真实问题，重视学科实践，跨越知识点，聚焦能力，培育素养。

❋ 不追求每个课时结构的完整性。

❋ 不谋求每节课环节的一致性。

❋ 强调大单元的整体性。

❋ 重视与大单元的相关性。

大单元教学打破了传统课时的边界，将更综合的目标、更复杂的情境、更具挑战性的任务高度结构化，形成一个学习单元。在具体实施上，又该如何将大单元内容落实到不同的课时中，实现课时教学的新突破呢？不少教师对下列问题还有困惑。

①大单元教学框架下如何进行课时设计？
②大单元教学框架下的课时与传统的课时有何不同？
③大单元教学框架下的新课时"新"在哪里？

一、瞄准大单元

有的教师在进行大单元教学设计时，想的是大单元教学的整体思路；在具体实施时，则又回到了传统课时教学的老路，还是一节课一节课地讲解，等到知识内容学完，单元学习结束时，再让学生做一个综合性的作业。

1. 理解"新"课时

大单元教学不是多个课时教学的简单累加，也不是先进行知识学习，后配上综合性练习的机械合并。虽然大单元教学也要借助多个课时来组织实施，但是此课时非彼课时。

教师之所以在进行教学设计时想着大单元教学，实施时却又回到传统课时教学的老路，一方面，是因为与长期课时教学的惯性有关；另一方面，也说明还没有完全理解大单元的课时与传统课时的区别。

传统课时教学由来已久，教师积累了不少策略和方法，也形成了清晰的教学流程，但是对照新课程标准的要求，对照核心素养的导向，其弊端也显而易见。

首先，传统课时教学，或者传统单元教学，都是将一节课作为一个闭环，追求一节课的完整性。因此，教师对各个教学环节把控得比较严格，什么时间提问、给多少时间讨论，都有严格的限制。这种做法制约了学生深入思考和探究，不利于学生深度学习的开展。

其次，传统课时教学，一般聚焦具体知识而展开，将知识作为教学的起点，也作为教学的终点；没有将真实问题的解决、知识的应用贯穿教学过程，没有将学生能力的培养作为教学重点。这与落实核心素养的大单元目标有明显距离。

另外，传统课时教学中，课时之间缺乏衔接，每节课所学内容结构化程度不高，相对零散、孤立的知识点也容易导致学生只见树木，难见森林，难以形成解决实际问题的能力。

而大单元教学框架下的课时教学，是瞄准大单元、服务大单元的，追求的是大单元的整体性，而不是每节课结构的完整性；重视的是与大单元的相关性，也就是这节课为实现大单元目标做了什么贡献，解决了什么问题，而不是特别在意每节课教学环节是否完整。

这样的教学出发点是落实核心素养。虽然教学内容也离不开知识，但是落实核心素养这个定位决定了教什么知识、学什么内容，也决定了怎样教、如何学。

同时，教学的落脚点也是落实核心素养。这样的教学虽然也是课时教学，但是立意更高，课堂上会直面生活中的真实情境、现实问题，会提供多种学习体验，帮助学生理解核心大概念，促进学生对知识的迁移应用，最终培育学生的核心素养，实现大单元目标。

可见，大单元教学框架下的课时教学，具有新的内涵。

2.认识"新"知识

传统课时教学非常重视知识的传授，大单元教学框架下的课时教学也离不开知识的学习，那么，两者有什么区别呢？

安德森等人将知识分为四类：事实性知识、概念性知识、程序性知识和元认知知识（见图13-1）。①

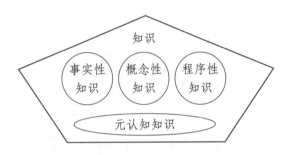

图 13-1　安德森等人的知识分类

按照上述知识分类，反思传统课时教学，会发现课堂上教授事实性知识的比例较高，对概念性知识不够突出，对程序性知识和元认知知识重视不够。

教学的着力点过多放在知识点的掌握和习题演练上，对知识层次性与价值感的把握比较模糊。比如，某个知识点比较复杂，不好掌握，可能就将其定为教学难点；如果某个知识点考试时经常考到，可能就将其设计为教学重点。

在大单元教学框架下，知识的迁移应用是教学重点。学生如何有效地应用知识？解决问题时用什么方法，有哪些策略，需要什么品格？如何帮助学生获得这些能力与品格是教学难点。

---

① 安德森，等.布卢姆教育目标分类学修订版：分类学视野下的学与教及其测评：完整版 [M].蒋小平，张琴美，罗晶晶，译.北京：外语教学与研究出版社，2009：22.

因此，新的课时教学设计，需要重新确定教学重点。即便教学重点是知识，也需要重新思考哪些知识对学生来说是最重要的。

过去，事实性知识是主要教学内容，如今身处素养时代，需对各类知识有新的认知。

元认知知识是对认知的认知，是在更高层次审视自己的思想和行为。借助这类知识，学生可以不断反思、调整、优化，从困境中抽离出来，重新思考解决问题的视角。这是能够帮助学生学会学习、更好做事的一类知识，自然要予以关注。

程序性知识涉及如何做事的程序或步骤，对学生设计实验步骤、思考解决问题的方案非常有帮助。而且程序性知识的学习过程与学科实践联系密切，学生探究实践的过程，有利于核心素养的培育。

概念性知识，是经过概括和组织的结构化知识，其学习过程本身就包括知道是什么、怎样应用和持续理解的过程。特别是学科核心大概念更具本质性、迁移性等特质，常常是学生解决问题的重要突破口。因此，概念性知识是重要的学习内容。

事实性知识，通常是"是什么"和"为什么"的知识。对这些独立的知识点，学生知道即可，特别是在信息时代，不必为此花费过多时间和精力。它们更重要的价值是作为工具和素材，帮助学生建构概念，理解概念。

总之，在大单元教学框架下设计课时教学，对课时目标、知识内容与教学重点都要重新思考和定位。反思下列问题，可以让我们避免走回传统课时教学的老路。

①这节课的目标是否来自大单元目标？

②如何让学生知道这节课与大单元目标的关系？

③这节课从哪个方面引导学生思考大单元的核心问题？

④这节课为完成大单元的核心任务搭建了哪些台阶，提供了哪

些工具？

⑤这节课为帮助学生理解核心大概念提供了哪些支撑，做了怎样的评估？

⑥如何让学生知道这节课是否达成预期目标？距离达成大单元目标还有多远？

二、对接大单元

大单元涉及大目标、大情境、大任务、大问题、大概念等一系列"大"，大单元教学框架下的课时教学设计，要对接这些综合性内容，将其分解、细化、落实。

1.分解核心任务

大单元的核心任务，应具有以下功能。

①能承载落实核心素养的大单元目标，能成为素养目标实现的评估证据。

②能解决大单元的教学重点和难点，即通过完成核心任务实现对核心大概念的理解和知识的应用。

③能拉动整个单元的学习，学生有兴趣，能操作，能真正学起来，是实现课堂从教到学转变的实践载体。

显然，能承载上述功能的核心任务比较综合，贯穿整个单元的学习，对学生来说比较有挑战性。

有时，学生对核心任务感到一头雾水，不知从哪里入手；有时单元学习刚开始时，学生对核心任务很感兴趣，等遇到困难和问题时，就会产生畏难情绪。这些问题要在接下来的具体课时教学设计中加以解决。

首先，要分析核心任务，对学生完成核心任务的情况做出预判。

要确定完成核心任务的标准是什么、关键环节在哪里、难点在哪里、基本步骤是怎样的。

然后，分解核心任务，将学生在完成核心任务时绕不过去的环节、关键路径设计成子任务，在课时教学中通过完成子任务，帮助学生越过障碍和难点。

最后，针对自己班级的具体情况，为学生准备学习资源，设计学习工具。例如，哪些学生可能会在哪里遇到阻力，哪个小组可能会在哪里走弯路，在进行课时教学设计时，可以有针对性地实施个别化辅导和帮助，确保学生顺利完成核心任务，实现大单元目标。

例如，高中语文"讲道理的方式不止一种"学习单元，教师对核心任务进行了分解。[①]

学习目标

1. 能够熟练背诵《劝学》《谏太宗十思疏》《师说》《种树郭橐驼传》，掌握若干关键文言词语，并画出文章的主要观点。

2. 能够运用思维导图或表格等分析文章讲道理的主要方式。

3. 能够基于写作意图辨别各种讲道理方式达成的效果。

4. 能够模仿其中一篇的写法，确定写作对象，讲清楚一个道理。

核心任务

确定一个写作对象，模仿学习材料中的一篇的写法，努力讲清楚一个道理（附写作量规）。

对完成核心任务的分析

首先，本单元的文本是文言文，所以学生先要自己疏通文字，

---

① 该案例由北京十一学校闫存林老师团队提供。

并能梳理、建构自己的文言语料库。

其次，语言积累与建构后，学生需要掌握作者的观点以及作者是如何阐述观点的。

再次，学生需要建立文章之间的关联，即需要通过比较，对自己喜欢的说理方式做出判断。

由核心任务分解出的三个子任务

1. 按照要求制作一份文言语汇表（附填表说明）。

2. 用一张图表呈现对各篇说理文的观点和说理方法的分析。

3. 写一篇短文。至少选用两篇文章进行对比，分析它们的写作对象、意图、文风，从而评价它们各自的达成效果和自己喜欢的程度。

2. 细化核心问题

这是具体课时教学设计对接大单元的另一个视角。每个大单元一般都有一个引导学生持续思考的核心问题，它就像钩子一样，引导学生不断思考和探索，从而展开整个单元的学习。

核心问题是揭示事物核心、反映事物本质的问题，它同核心大概念一样，需要事实的支撑和论证，具有很强的迁移性。如何推动学生对核心问题的持续思考呢？这也正是具体课时教学设计的思考起点。

需要做的工作是，将核心问题细化，拆解出不同层次、不同思考维度，设计出相关问题串、问题链，通过课时教学，为学生搭建思维的台阶，引导学生多角度、多侧面持久深入思考，从而推动整个单元的学习。

例如，可以根据威金斯和麦克泰格有关理解的六个侧面的论述 ① 来

---

① 威金斯，麦克泰格.追求理解的教学设计：第二版 [M].闫寒冰，宋雪莲，赖平，译.上海：华东师范大学出版社，2017：95-114.

细化核心问题。

他们将"理解"定位为在新情境中对所学知识的迁移应用，而不仅仅是对所学知识的回忆和再现。这与落实核心素养的大单元目标是完全一致的。

同时，他们还从六个侧面对理解进行了进一步分析。这六个侧面分别是解释、阐明、应用、洞察、神入和自知，它们既存在横向并列的关系，也存在纵向不断发展的联系。借助它们，可以对核心问题进行多角度细化。例如：

解释：……关键思想是什么？我们如何验证？

阐明：……为什么很重要？那又怎么样？与我们有何关系？

应用：我们应该如何应用？有哪些挑战？如何应对？

洞察：……有例外吗？能否从另一个层面来分析？

神入：这个奇特的解释是否有价值？这个新奇的想法对你的启发在哪里？

自知：对……的理解局限在哪里？对……的分析还有哪些疏忽？

值得注意的是，在细化核心问题的过程中，同样要避免走回传统课时教学的老路。

在过去的教学中，教师也经常设计问题串，问题难度还会依次增加，但是这个问题串多是围绕某个知识点设计的，而且这些问题都有标准答案，可以围绕这个知识点形成闭环。

虽然这样的问题串在教学中也需要，但细化核心问题却不能这样做。

首先，此时问题串中的问题是从核心问题拆解出来，由核心问题引发的。它们的内核不是某个具体知识点，而是核心问题。

一方面，教学聚焦核心问题，引导学生始终围绕核心问题展开思考和探究，所以其问题串应由核心问题拆解而来；另一方面，学生将对问题串的思考不断反映到对核心问题的思考，实现对核心问题的持续思考。

其次，核心问题一般没有固定答案，学生需要提取并筛选先前的学习经验，将其与当前的学习建立联系，寻找答案。由核心问题细化出的问题同样是开放的，没有唯一答案。因此，学生也可以跨越课时，跨越单元，持续、长久地思考和探究，这种学习是开放的、发展的。

3. 连接核心大概念

核心大概念是大单元的重要内容，它具有本质性、概括性、迁移性等特征。如何帮助学生理解并应用抽象的核心大概念，同样是具体课时教学设计的重要思考点。

例如，学习"人体的结构与功能相适应，各系统协调统一共同完成复杂的生命活动"这个核心大概念，如何依此连接起单元内各个课时呢？

首先，学生掌握上述核心大概念至少需要五个下位的重要概念作为支撑，因此，具体课时教学设计，首先要考虑如何帮助学生理解这五个重要概念（见表 13-1）。

表 13-1　核心大概念与重要概念

核心大概念	人体的结构与功能相适应，各系统协调统一共同完成复杂的生命活动
重要概念 1	人体通过消化系统从外界获取生命活动所需要的营养物质
重要概念 2	人体通过循环系统进行体内的物质运输

重要概念3	人体通过呼吸系统与外界进行气体交换
重要概念4	人体主要通过泌尿系统排出代谢废物和多余的水
重要概念5	人体各个系统在神经系统和内分泌系统的调节下，相互联系和协调，共同完成各项生命活动，以适应机体内外环境的变化

其次，这五个重要概念的建构过程又需要多个次位概念的支持，以重要概念 1 为例，课时内容可以进一步细化（见表 13-2）。这样，整个单元就可以按照建构次位概念—重要概念—核心大概念的逻辑，进行具体课时教学的系统性设计。

表 13-2　重要概念与次位概念

重要概念1	人体通过消化系统从外界获取生命活动所需要的营养物质
次位概念1.1	水、无机盐、糖类、蛋白质、脂肪和维生素是人体生命活动所需要的主要营养物质
次位概念1.2	消化系统由消化道和消化腺组成
次位概念1.3	消化系统能够将食物消化，并通过吸收将营养物质转运到血液中
次位概念1.4	不合理的饮食习惯和饮食结构可能导致营养不良或肥胖
次位概念1.5	食品安全对人体健康至关重要，良好的饮食、卫生等习惯对人体健康有积极影响

总之，大单元教学框架下的新课时，彼此之间有关联，与大单元有联系，不再是一个个孤立的课时。而贯穿整个单元学习的核心任务、核心问题、核心大概念就是建立这种联系的重要连接点。

第 14 讲
大单元教学流程的改进

大单元教学，不仅是一种教学方式，更是一种全新的思维方式。

它提示设计者与实施者重新思考单元目标，优化设计路径，改进实施过程，完善评估反馈机制。

❋ 目标决定单元的形态。

❋ 将更多课堂时间用于知识应用。

❋ 将反馈纳入评估的框架。

前面几讲，对大单元的目标、内容、任务、评估等，分别做了分析和阐述。本讲聚焦这些要素的配置与组织，改进和优化教学设计与实施的流程。本讲将讨论以下问题：

①如何优化大单元教学设计路径？

②怎样改进大单元教学实施过程？

③为什么要重视反馈过程？

一、从单元目标出发

提到大单元教学设计，离不开大情境、大任务、大概念等一系列"大"，很多教师感到困难重重，无从下手。其实，最简便的方法就是从单元目标入手。只要单元目标够大，其他内容就都小不了。

1. 单元目标决定单元的形态

在教学设计的诸多要素中，目标无疑是重中之重。目标变了，内容、活动也会随之改变；目标没变，其他要素也很难改变。

如果目标是掌握知识与学会技能，围绕要掌握的知识、要学会的技能，教师一般会采用讲授、演示、课堂提问等教学方式。

如果目标是理解核心大概念，通过教授就很难达成。此时，教师首先要帮助学生通过观察和思考，感知一些基本信息；然后针对具体问题，引导学生运用已有的知识和经验，尝试找到问题产生的原因，制定解决问题的方案并实施，评估实施的结果。在解决问题后，教师还要引导学生对自己的行为进行反思，从而判断自己的方案是否有效，是否可以用来解决其他问题。在上述过程中，学生会逐步建立、发展进行自我意义建构的心智策略，从而达成对核心大概念的理解。

如果目标是对知识的迁移应用，学生则需要大量机会去实践，在新的情境中运用所学知识。这样，才能证明实现了目标。此时，教师就要像教练员一样，不断创设情境，给学生提供训练、实践的机会，然后观察学生的行为表现，并通过及时反馈，不断优化学生的实践能力和解决问题的能力。

可见，什么样的目标决定了教师会组织什么样的内容，设计什么样的活动，采用什么样的方法。可以说，优秀的单元教学设计与讲多讲少无关，其核心在于单元目标的定位，单元目标决定了单元的形态。

2. 找到起点与终点

从单元目标出发，首先要确定单元目标的起点。

教师习惯教知识，对教材非常熟悉，对所教学科的知识点以及各知识点所涉及的解题训练烂熟于心。以往的教学目标往往定位于此，教案中呈现的教学目标一般都是对掌握相关知识的种种要求。显然，这种只在知识范围内的目标定位不符合新课程标准的要求，需要提升、改进。

毫无疑问，落实核心素养是设计大单元目标的出发点。据此，教师需要重新思考学生应该学习什么、掌握什么，哪些内容是不重要的，把住单元内容的入口。同时，教师需要对熟悉的知识与技能重新进行评估，思考它们对达成素养目标的意义。另外，教师还需要超越知识表象，挖掘它们背后的育人价值。

其次，还要确定单元目标的终点，即单元学习最终要走到哪里。是知识的获得、技能的掌握，还是思维的提升、大概念的理解？是内容的扩展、难度的增加，还是知识的应用？这些都需要在设计单元目标时想清楚。

如同旅行一样，只有先确定目的地，才可能选择适宜的交通工具——是坐飞机还是乘高铁，才能确定喜欢的游玩方式——是自由行还是跟团游。大单元教学设计，只有确定最终要走到哪里，才能思考通向目标的操作路径，为后续内容规划和活动设计提供方向与指导。

毋庸置疑，落实核心素养是大单元教学设计的目的地。

这一点实现了对双基目标的超越、对三维目标的整合。不少教师擅长双基目标、三维目标的教学，但在新的形势下，也需要转变观念，从学生成长、发展的视角出发，重新思考自己所教授的这门课程究竟要传递给学生什么，最终要给学生留下什么。

3. 以终为始

优化大单元教学设计，特别强调以终为始。也就是在整个单元教学设计过程中，都要坚持"目标导向"。

目标导向，提示教师在后续内容组织、活动设计和评估设计时，要不断回看单元目标，不断思考单元目标，进而不断反思：为什么要求学生学习这些内容？设计这些活动的目的是什么？哪些评估与单元目标无关？……通过这样的反思，可以确保单元目标—内容—评估的一致性。

目标导向，还可以使教师克服以往教学设计中的三个误区。

第一个，内容导向。从教材出发，只关注教材中讲了什么内容，从具体内容出发设计教学，知识化倾向比较严重。

第二个，活动导向。在教学设计时，过度重视活动设计，将各种创新活动作为教学设计的重点，淡化了设计活动的初衷。

第三个，习题导向。教学设计从各类习题、考题出发，试图通过各类题目的反复演练来提高成绩，忽略了学习的意义。

二、将更多课堂时间用于知识应用

这是改进大单元教学实施过程的一个重要方面。

在理念上，大家都认同应将更多课堂时间用于知识应用，那么，在课堂上、在具体单元教学实施过程中，又该如何做呢？

1. 教学不是讲课

苏格拉底在 2000 多年前就说过"教育不是灌输"。但时至今日，在很多课堂上，学生依旧被看成知识的容器，经常听到老师埋怨学生：我都讲了三遍了，你怎么还没记住？

教学不是讲课。首先，这提示教师，教学不是知识的单向输入过程，不是将知识从一个个体输送给另一个个体。而且教学过程也不仅仅是知识的传授过程，除了知识与技能，还涉及学习方法、综合能力、情感态度与价值观，以及学生全面发展、个性化发展等多个方面的内容。教学是一个复杂的过程。

其次，这并不是排斥教师的讲解，而是要教师确定哪些内容需要讲、为什么要讲、应以怎样的方式讲。教育不是灌输，而是"点燃火焰"。这意味着在教学中，要设计合适的方式、方法去引导、启发学生，搭建平台、提供机会去激发学生的智慧和潜力，提升学生的综合能力和核心素养。

最后，这意在引导教师调整教与学的关系，从以教为主走向以学为主，建立以学习为中心的课堂。教师应在如何调动学生的积极性上花心思，在培养学生的学习主动性、独立性、创造性上下功夫。应让教师的教与学生的学结合起来，让教师教的过程融入学生学的过程，让教师的教成为学生学的向导和助手，最终让问题在学生手上解决。

2. 知识应用是教学重点

若要将更多课堂时间用于知识应用，就要将学生所学内容与他们的经验、与现实生活联系起来，让教学始终围绕实际问题的解决展开，将知识的迁移应用作为教学重点。

在《为迁移而教：现实生活应用型学习设计指南》一书中，作者认为，迁移学习要求学生具备[①]：

解决问题或迎接挑战的策略。
一门学科的表层知能和深度知能。
情境化知识或应用内容的情境知识。

迁移学习具体包括四个方面的内容，分别是表层知能、深度知能、情境化知识和解决问题的途径（策略 / 方法）（见图 14-1）。

表层知能	深度知能	情境化知识	解决问题的途径（策略 / 方法）
能理解一个或多个概念，但是难以在概念之间建立联系	能够建立起概念之间的联系，但是难以在一个或多个情境中应用概念	理解问题所涉及的情境要求	将策略或方法用于理解不同问题或情境中的关系，同时能够确定如何去解决问题

图 14-1　迁移学习的组成部分[②]

---

①② 麦克道尔. 为迁移而教：现实生活应用型学习设计指南 [M]. 盛群力，马云飞，朱婧，等译. 杭州：浙江科学技术出版社，2023：6，7.

由此可以得到两点启示。

第一，要想实现知识的迁移应用，就要特别重视概念学习。

即使是表层知能，也要求在概念层面学习，学生也要知道解决问题需要理解什么概念。只不过此时，学生还没有建立起概念之间的联系，对概念的理解还在发展中。

到了深度知能，学生已经能够将各种概念联系起来，能够回答"为什么"的问题，此时核心大概念基本建构起来。

到了解决问题环节，学生能在不同的情境中将各种概念联系起来，知道在什么时候、什么条件下应用概念。

具体来说，表层知能让学生知道：我解决问题需要理解的核心大概念是什么；我需要掌握的关键技能是什么。深度知能让学生知道：概念是如何联系起来的；为什么要用某种策略来解决问题。迁移学习让学生最终知道这些概念和技能在什么时候、什么条件下适用。

第二，知识的迁移应用，涉及不同的知能和策略，在教学中，要将迁移学习的四个组成部分有机结合起来。

一般教学习惯于从表层知能开始，提出表层水平的问题，沿着表层知能—深度知能—解决问题的顺序，逐步深入。其实，教学不必拘泥于形式，也可以从真实问题切入，从解决问题开始。而解决迁移水平的问题，需要表层知能和深度知能，于是就会展开相关学习。此时，表层知能与解决问题、深度知能与解决问题均可以建立起连接。

当然，也可以将一个比较综合的概念转化为问题抛给学生，然后引导学生回答这个问题，剖析这个概念，从而进入表层知能，然后再到深度知能和解决问题环节。

总之，要想实现知识应用，不论从哪个方面切入，都要建立起表层知能、深度知能、解决问题之间的连接，实现它们的相互融通。

三、将反馈纳入评估的框架

这是提高评估效果不可忽略的一步。

在日常教学中，教师比较重视评估，对反馈相对漠视。多数情况下，教师更倾向于笼统地给出反馈，或者比较宽泛地给予表扬，或者认为评估结果就是反馈。但是，对学生来说，这样的反馈缺乏实质性内容，针对性不强，对进一步学习、改进帮助不大。

1. 评估要与反馈相伴随

评估服务于目标，主要衡量学生的学习情况是否达到了预期结果。反馈则是根据评估结果，向学生提供指导和建议。可见，评估后紧跟着反馈，才能更好地帮助学生。

关于评估，第 9 讲已有分析，并提及"单元评估不应该在教学结束后才进行"，还列举了表现性评估、过程性评估等多种评估方式。同时，还提示评估要兼顾有效性和实用性。

同样，反馈也是如此，也不能在教学结束后才进行，也要贯穿单元学习的全过程。对反馈，需要考虑及时性、具体性和针对性。这也正是反馈需要优化的地方。

研究表明，反馈越及时，效果越好；反馈越具体，越有针对性，对学生越有帮助。

反馈方式也需要优化，它也需要多样化。

教师可以在课堂上直接口头评价学生的表现，这种反馈方式即时、直接，学生可以借此迅速了解自己的表现并及时进行调整。而教师在学生的作业、试卷上给予的书面评语，可以更详细地表达教师的意见和建议，学生可以反复查看和理解。

除此之外，还要重视学生的自我反馈和同伴的反馈。教师引导学生进行自我评估和反思，有助于培养学生的自主学习和独立思考能力。学生在小组讨论时相互提供反馈，可以促进合作学习，并从多角度获得反馈意见。

反思下列问题，可以让反馈更具建设性。

①是否向学生解释了评估的目的？

②是否倾听了学生的自我评估？

③是否听懂了学生所表达的内容？

④是否告诉了学生你做出评估的理由？

⑤是否与学生一起确定了下一步改进行动？

2.让反馈更有效

在教学中，教师习惯于给学生打一个分数这样的反馈。学生如果看到自己的试卷是高分，就会兴高采烈，认为自己的学习没问题。如果拿到一个不理想的分数，常常就会很沮丧，甚至自暴自弃，丧失学习信心。

分数究竟代表了什么？高分，是否意味着学习真的没问题？不理想的分数背后，究竟有什么原因？

其实，分数只是一个评估结果，不是真正的反馈。只提供分数，学生就不能从中发现问题，也很难发现需要改进的地方。

另外，教师还习惯于打钩或打叉，也就是提供"正确"或"错误"的反馈。哈蒂（John Hattie）认为，这种反馈属于"任务水平"的反馈，也叫"纠正性反馈"。在课堂提问或作业中，教师常常给出这类反馈。

按照哈蒂的观点，反馈有四个水平，除了任务水平，还有进程水平、自我调节水平、自我水平三种。①

"进程水平"的反馈，针对的是完成任务的进程。例如，"这个学习任务你卡在此处，你可以分析一下解决问题的策略有无问题，然后可以尝试其他方法""你需要比较不同的观点，看看它们为什么相似、有哪些不同，它们是如何联系的"。这类反馈能提供备选的信息处理方式，会提示如何获得更有效的信息检索、如何识别观点之间的联系等。这种反馈在促进深度学习方面比"任务水平"的反馈更有效。

"自我调节水平"的反馈，聚焦学生对自身学习进程的监控。这类反馈能提高学生的自我评价能力。当学生对自己的学习能够监控和进行自我调节时，我们通常认为学生会学习了。此时，他们能更有效地使用反馈，以达到学习目标。

"自我水平"的反馈，是直接指向"自我"的。例如，"你是一名优秀的学生"。这类反馈通常被归在"表扬"之列，虽然学生很期待，但有时也会分散学生在学习任务、学习进程或自我调节方面的注意力。

由此可以看出，为学生提供反馈，需要针对不同的学习进程，针对学生不同的学习水平。前三类反馈水平是连续的。理想的状态是，在学生当前水平或者更高水平上，为学生提供适当的、正确形式的反馈。这样的反馈效果才最佳。

---

① 哈蒂. 可见的学习（教师版）：最大程度地促进学习 [M]. 金莺莲，洪超，裴新宁，译. 北京：教育科学出版社，2015：131-138.

第 15 讲
大单元是学生的学习单元

　　大单元教学突破了传统教学的知识立意，克服了课时教学的时间制约，为教师探索从教走向学提供了广阔舞台。

　　大单元教学也是学习方式的变革和提升，同样为学生更好地学习提供了广阔空间。

❋ 教学是教学生"学"。

❋ 为学生提供学习目标。

❋ 为学生创设学习体验。

❋ 促进学生元认知的发展。

大单元教学设计不仅是教学设计的全面升级，也是教学方式、学习方式的变革与提升。

不论是知识的整合，还是活动的设计，如果没有回归"学生中心"的立场，没有学生学习的真实发生，就说明我们的设计走偏了。下列问题是大单元教学设计中要经常反思的问题。

①如何让大单元成为学生的学习单元？

②学生怎么知道应该学习什么？

③学生如何知道自己会学习了？

一、用学习目标引领学生学习

教师常抱怨学生在课堂上精力不集中，没有跟自己的思路走。这里有个问题值得反思：学生是否清楚教师的思路是指向哪里的，是解决什么问题的？如果学生不知道，精力不集中也就在所难免。

1. 提供学习目标

教学目标是写给教师自己的，学习目标是提供给学生的。大单元教学展开时，仅有教学目标是不够的，单元目标不能只有教师清楚，还应该让学生知道。此时，学生看得懂、看得明白的学习目标就显得非常重要。

教师希望学生在课堂上精神饱满，认真努力，前提是让学生知道这个单元、这节课的学习目标是什么。

没有学习目标，学生不知道学习什么、掌握什么，自主学习就无从展开；没有学习目标，教师心中装着的自然是教学目标，很容易又回到自己讲解的传统授课方式。

那么，如何将教学目标转化为学习目标呢？

首先，要明确两者之间的一个重要区别，就是服务对象不同。学习目标是服务于学生的，要使用学生能理解的语言进行描述。

例如，"理解……""掌握……"这样的表述，教师清楚达到什么程度就是理解了，会做什么就说明掌握了，但是学生并不清楚。因此，与教学目标相比，学习目标要更加具体、明确，可衡量。

学习目标越具体，学生就越清楚要学习的内容、要做的事情。学习目标越明确，学生就越清楚方向，越知道要走向哪里。另外，可衡量的学习目标，可以让学生及时评估学习成果，掌握学习进度。

其次，将教学目标转化为学习目标，需要做好三个转化。

第一，将第三人称转化为第一人称。

教学目标中常出现"培养学生……能力""使学生掌握……"，这样的表述没有体现出学生的主体地位，容易让学生感觉学习是老师的事情。

当转化为第一人称，采用"我将要学习……""我能够……"的句式时，可以让学生感受到目标是写给自己的，学习是自己的事情，学习任务是自己能胜任的，而不是教师布置的任务。

第二，将抽象的内容拆解为可操作的动作。

学习目标的价值在于能够引导学生学习，因此，让学生知道要做什么特别重要。例如，教学目标中常出现的"理解"一词，对学生来说是抽象的，学生把握不好做到什么程度算是理解了。此时，可以结合具体内容，将"理解"拆分为"解释""推导""比较"等可操作的动作，便于学生上手做。

例如，教学目标"学生能认识比喻，并能在作文中正确运用比喻"，可以将其转化为学习目标："我能从一组短语中挑选出符合比喻定义的短语，并对比喻进行分类"。

第三，将概括性描述转化为形象具体的描述。

教学目标通常高度概括，而给学生的学习目标则越形象、越具体越好。例如，可以通过举例的方式，对学习目标进行进一步阐述。这样，学生就更容易知道通过什么样的学习行为，可以实现学习目标。另外，还可以在呈现学习目标之前，先引入一个情境，调动学生已有的经验，激发他们的兴趣，从而帮助他们更好地理解学习目标。

2. 分享学习目标

大单元要成为学生的学习单元，让学生的学习真正展开，有一个环节不能忽视，就是与学生分享学习目标。

很多教师以为，教学目标已经转化为学习目标，学生应该知道做什么了，如果再分享，会不会有点儿耽误时间，有这个必要吗？确实有必要。

理由一，通过分享，可以确认学生是否真正理解了学习目标。

通过分享学习目标，教师能准确地知道学生是如何理解学习目标的，以及学生所理解的学习目标与教师心中的是否有差别。同时，教师还可以与学生分享达成学习目标后的行为表现。这样，学生就进一步知道"如果这么做，我就能实现学习目标"，教师也可以由此判断"如果我的学生做到了这一点，就可以认为他们达标了"。

理由二，分享学习目标，可以促进教师进行自我反思，从而确定所设计的学习目标是否符合学生的实际。

分享学习目标时，教师会再次审视所设计的学习目标是否合理，是否符合学生的认知水平，是否立足学生的综合能力和核心素养，是否达到了课程标准的要求。另外，教师还可以获得学生的反馈，进一步明确教学的重点、难点，对教学做出改进和优化。

实践证明，花点儿时间与学生分享学习目标，很有必要。表面看会耽误点儿时间，但是可以确保学生真正明白要学的内容、要做的事情，确保学生对要达成的预期结果没有困惑、充满信心，并对达成学习目标后的行为表现了然于心。这样，后续学习进程会更加顺畅。

二、用良好的学习体验促进学习

要让大单元成为学生的学习单元，还要在整个单元教学实施过程中，为学生提供多样化的学习体验，用良好的学习体验促进学生学习。

1. 多样的学习体验可以激发学习兴趣

对学习体验，在传统教学中教师思考得并不多，他们将更多心思放在如何将知识点讲清楚，如何启发学生对所学知识的理解和掌握上。学生最常见的学习体验无外乎听课、记笔记、做题。

时间久了，学生对学习难免有些麻木。如果教师讲得不够精彩，学生还可能会游离于课堂。于是，师生矛盾就会产生："我精心准备的课，你为什么不好好听？""我都讲得这么清楚了，你怎么还不会？""我昨天刚讲完的，你怎么又忘了？"

学生有时也很无语，即使认真听课了，也会纳闷："为什么我就是记不住呢？昨天似乎理解了，今天好像又不明白了。"更不要说那些根本没有认真听课的学生了，日复一日，老师讲的东西如同天书一样难以理解，学习成了他们难以承受的负担。

如何改变上述局面？

一个有效的突破口就是增加学习体验，改变教师过度讲解的局面。

教学是"教学生学"，是通过教师的教，最终让学生学会学习。

教学不是讲课，如果教师的讲让学生不会学习，不爱学习了，那么，教师每日辛苦的付出就彻底背离了教学的本质。

大单元教学，突破了传统教学的知识立意，克服了课时教学的时间制约，为教师改变教学方式提供了契机，为教师探索从教走向学提供了舞台。教师应该尝试做出改变，在课堂上为学生多搭建一些学习平台，多提供一些自主学习的机会，多提供一些差异化的学习方式。

例如，课堂上学生不仅听课、记笔记，还有机会探究、阅读、分享、做实验、与同学一起讨论问题、表达自己的想法，以及自主学习，等等。

学习体验多了，学习方式和学习节奏也会随之改变。这不仅可以激发学生的学习兴趣，还可以促进学生对所学内容的理解。

2. 有效的学习体验可以提高学习效果

给学生提供丰富的学习体验，教师才有机会得到喘息，才有可能走下讲台关注学生真实的学习状况，发现学生学习中的具体问题，然后有针对性地加以指导。这样，学习效果自然就会提高。

当然，并不能一味地追求学习体验的多样化，其有效性至关重要。只有有效的学习体验，才能提高学习效果。

学习体验是否有效，需要关注两个维度。

一个是学习体验与学习目标的关系。要确保学习体验直指学习目标，否则就会背离设计体验的初衷。

另一个是重视学习体验的深刻性。如果学习体验是蜻蜓点水式的，浅尝辄止，不能给学生带来情感、认知方面的冲突，没有为学生的学习行为带来突破，也就很难取得满意的学习成效。

例如，学生阅读时，仅仅浏览文章内容，没有深入理解文章主旨、细节和语言特点，这种学习体验就只能帮助学生了解文章的大致内容，无法提高学生的阅读理解能力和语言表达能力。

又如，学生运用数学知识去解决问题时，需要深入思考，了解问题的背景，制定解决方案，进行计算，验证答案。在这一过程中，学生的情感和认知都会高度投入，他们在理解数学知识的同时，也会促进思维的发展并提升解决问题的能力。

显然，对学生来说，应用知识解决问题比浏览文章更具挑战性，自主学习比听教师讲课更具挑战性。正是通过应对这些挑战，学生才会有更深刻的学习体验，从而学会解决问题，学会独立思考，从而更加拥有学习的自主性和成就感。

三、用元认知策略调控学习

元认知策略是一种高级的学习策略，在以教为中心的课堂上，教师很少关注这一策略；学生对它更是一头雾水，不知自己的哪些学习行为属于元认知，需要不断巩固和强化。

1. 元认知是重要的学习系统

学生的认知能力是教师特别看中的，人们通常将记忆力如何、思维水平如何、有没有想象力等认知水平作为评价学生的标准。实际上，元认知也是重要的学习系统。

在《教育目标的新分类学》一书中，作者将元认知放到一个很高的位置，认为当学生有学习动机，准备投入学习时，首先启动的不是认知系统，而是元认知系统。

也就是说，学生即使对所学内容感兴趣，也不是马上就做出主动接收外界信息、加工信息、进行分析判断等认知行为，而是对将要学习的内容、将要完成的学习任务设定目标，进而为完成这个目标思考学习方式和策略，制订学习计划。这些属于元认知的范畴。

我们知道，一个人在具体的学习过程中，是否有明确的学习目标会影响其认知加工的类别和水平，学习方式和策略同样会影响学习的深刻程度。因此，元认知系统在学生的学习过程中发挥着重要作用。

具体来说，元认知系统具有四种功能：目标设定、过程监控、清晰度监控和准确度监控。

目标设定，就是制定学习规划。在开始学习之前，规划自己的学习目标、学习时间、学习内容等。

过程监控，就是监控在某个任务中所使用程序的有效性。比如学习状态如何、学习方法是否得当等。

清晰度监控和准确度监控，主要强调学习者应该有意识地决定去达成所给定的任务，同时留意其清晰度和准确度。

2. 重视元认知对学习的影响

在教学实践中，当学生对自己的学习有目标，能够进行自我监控和自我调节时，我们通常认为学生会学习了。

在教学实践中，教师不仅要精通教什么、怎么教，还应自觉地将元认知策略教给学生，让学生知道怎么学、怎样运用元认知策略成为自主学习者。

（1）规划策略

过去的课时教学，每节课的内容相对独立，学生只需跟着老师的节奏按部就班地做，就可以完成学习任务。

大单元教学，常常围绕一个主题进行几周的学习，核心任务也不是一两节课就能完成的。因此，在学习过程中，制定学习规划就显得特别重要。例如，语文"唐诗游学项目策划书"这一单元，教师将唐诗与生活紧密结合起来，让学生根据唐诗，策划一次游学活动。具体要完成以下任务：

任务一：确定游学主题，设计游学路线。

任务二：编写导游解说词，凸显游学主题。

任务三：强化游客体验，总结情感模型。

学习刚开始时，有的学生误判了任务的难度，没有合理规划学习时间，草率地选择了五首抒发壮志难酬之意的诗歌作为学习资源。随着任务的推进，他们发现五首诗的情感很接近，内容较为重复，只好重新选择学习资源。这导致后续任务量增大，最终每天投入大量时间，也没能按时完成任务。

有了这样的经历，学生就理解了制定学习规划的重要性，知道在单元学习开始前，要认真通读任务书，清晰地了解单元目标、学习任务。更重要的是，要根据任务量和自己的时间，做一份详尽的单元学习规划。

（2）监控策略

在大单元教学实施过程中，教师需有意识地引导学生运用元认知的监控策略，监控自己的学习过程，包括对学习目标、学习进度、学习态度、学习方法、学习效果等多方面的监控，从而让学生更充分地了解自己的学习状况，及时发现存在的问题，并尝试调整、改进。

在上述案例中，正是通过师生一起重温学习目标，学生才进一步明确目标；正是通过排查学习中的困难，学生才找到学习任务无法推进的原因；正是通过监控学习规划，学生才重新调整投入的学习时间。

（3）调节策略

对认知过程进行调整、调节是元认知的重要功能，类似前面谈到的"清晰度监控和准确度监控"。这一策略直接帮助学生优化学习策略，调整学习方法，改善学习状态，以取得更好的学习效果。

例如，学生如果发现自己在某个科目的学习中存在困难，就可以采取更多练习、寻求老师或同学的帮助、寻找相关学习资源等方式来解决。

例如，在大单元教学实施过程中，教师提供给学生的量规，就是一种帮助学生调整和改进的工具。即使学生已经达标，也可以根据量规中"优秀"层级对相关指标的行为描述，进一步优化学习行为，调整学习方法，提高学习效率。

通过下列行为，可以判断学生是否具有自我调节能力。

- 能保持对学习的参与度。
- 拥有有效的学习习惯。
- 能将失败作为学习工具。
- 必要时能寻求帮助。
- 能调整学习策略。
- 能对自己的学习负责。
- …………

第 16 讲
大单元教学与大概念教学

什么是大单元教学？什么是大概念教学？两者有什么区别，又有什么联系？在教学实践中，应如何处理两者之间的关系？

❀ 大单元教学与大概念教学本质相同。

❀ 大概念教学需要大单元支撑。

❀ 大单元教学要以大概念为依托。

目前，大单元教学和大概念教学都是探究、实践的重点，不少教师对此感到困惑：一会儿大单元教学，一会儿大概念教学，两者究竟是什么关系？在教学中，又该如何处理好两者之间的关系？下列问题尤其让人感到困惑。

①大单元教学与大概念教学是一回事吗？

②大单元教学与大概念教学有什么区别？

③为什么说大单元教学与大概念教学相辅相成？

一、大概念需要大单元

大概念在前面多讲中均有阐述，它不是普通的知识，不像掌握知识点那样比较容易完成。它抽象、概括，呈现的是本质性内容。学生对它的建构和理解需要相当长的时间，大概念教学更适合以大单元的形式展开。

1. 课时教学不容易落实大概念

在以往的教学实践中，教师对学科知识点、学科术语、一般性概念、重要概念、核心概念，乃至核心大概念的区分意识并不强。教学重点更多被考题左右，经常考到的内容，往往就会变成教学重点。再加上课时教学一节课就要形成闭环，时间有限，这导致绝大多数情况下，课堂教学都是围绕知识点、考点展开的。

总体而言，教师对（大）概念教学有所忽视，对学科本质的思考、对学科核心内容的理解也常常被大量习题训练冲淡。"课时＋知识点"成为传统课堂的典型标签。

在新课程标准中，各个学科凝练出了学科核心素养，重新定位了课程实施目标，明确了每门课程的价值与意义。这引发了我们对课程内容的再次反思：究竟什么才是学科最有价值的东西？哪些内容才是学科最重要的内容？学科本质体现在哪里？课堂教学应该将哪些内容作为教学重点？

在此背景下，大概念成为关注焦点。例如，《普通高中课程方案（2017年版2020年修订）》中写道："重视以学科大概念为核心，使课程内容结构化，以主题为引领，使课程内容情境化，促进学科核心素养的落实。"

当以学科核心大概念来结构化课程内容、当大概念成为落实核心素养的重要抓手时，再来反思课时教学，就会发现，课时教学不容易落实大概念，也不容易实施大概念教学。

第一，两者目标的侧重点不同。课时教学关注的是知识的掌握，虽然也涉及应用，但通常都是学习完知识后应用，往往是点到为止。而大概念教学将大概念的理解、迁移应用作为重点，课堂通常是围绕解决实际问题展开的。

第二，时间节点受制约。大概念教学要在抽象原理或概念层面进行深层次的理解，自然需要对相关知识进行深入探究和实践，需要较长时间的学习和体验。课时教学时间有限，利于知识点的落实，而难以进行对大概念的持久理解。

第三，知识跨度有局限。大概念教学强调学科内或跨学科的知识整合与应用，需要从整体上理解概念和知识之间的联系。而课时教学往往关注单个知识点的教学，相对孤立的内容与大概念教学的综合性和整体性要求有距离。

2.大单元教学能契合大概念教学的要求

相比传统的"课时＋知识点"的教学方式，大单元教学的设计思路更符合大概念教学的要求。

首先，大单元教学以单元为单位，对零散的知识点进行整合与关联，建立知识之间的联系，形成完整的知识体系。这有助于对大概念的理解。

其次，大单元教学重视学科内容与生活实际相结合，重视学生对知识的应用和实践。这一点与大概念教学强调大概念的迁移应用目标是一致的。

最后，大单元教学能够提供相对独立且完整的教育事件，给予学生足够的时间和空间，利于学生充分思考和探究，从而实现对大概念的持续探究和建构。

例如，生物"细胞的生存需要能量和营养物质"这个大概念，要实现对它的理解，至少需要以下四个子概念的支撑。

①"生物通过细胞呼吸将储存在有机分子中的能量转化为生命活动可以利用的能量。"这个子概念解决"细胞生存需要的能量从哪里来"的问题。

②"植物细胞的叶绿体从太阳光中捕获能量，这些能量在二氧化碳和水转变为糖与氧气的过程中，转换并储存为糖分子中的化学能。"这个子概念解决"细胞有机物中的能量从哪里来"的问题。

③"ATP 是驱动细胞生命活动的直接能源物质。"这个子概念解决"细胞生存需要能量的直接来源"的问题。

④"酶是一类能催化生化反应的蛋白质，酶活性受到环境因素的影响。"这个子概念解决"能量是随物质变化而变化，而物质的转化需要生物催化剂"的问题。

上述每个子概念，同样需要知识的支撑，需要实验的探究和验证。

每个子概念的建构就需要若干课时，最终建构起大概念则往往需要几周的课时。

所以，以大单元为单位进行教学，才能形成对大概念的理解和应用。一节课的时间，即使调整目标，整合内容，围绕概念教学展开，也只能形成较小的概念。

二、大单元以大概念为依托

如同大概念教学需要大单元一样，大单元的组织也常常以大概念为依托。

1. 大单元不是一般的教学单元

首先，大单元不是教材简单合并的知识单元。虽然教材合并可以看作一个单元，但是如果没有实现知识的高度结构化，依旧是知识点的罗列和堆砌，这样的单元教学与课时教学就没有本质区别，不是大单元教学。

其次，大单元不是将知识随意组合在一起的单元。无论是学科内，还是跨学科，不是组合了很多知识就是大单元。无论是以主题、问题还是以活动形成的单元，如果仅仅围绕知识与技能的学习展开，没有形成对概念的理解，没有形成解决相关问题的策略与方法，没有对所学内容的迁移应用，也不是大单元。

最后，大单元以学生发展为中心，以落实核心素养为宗旨，以知识应用、问题解决为重点。这也是大单元与一般单元最重要的区别。在学习方式上，大单元倡导学生自主学习与自主探究，倡导多样化的学科实践，是实现学生学习的学习单元。

可以说，大单元教学就是落实核心素养的教学，大单元等同于素养单元。所以，用大单元区别于以往的教学单元。其中的"大"，就是为了表明其立意大，站位高（见表16-1）。

表16-1　大单元与普通单元的对比

对比项	大单元	普通单元
单元目标	以落实核心素养为目标，注重知识的迁移应用	以基础知识和基本技能为目标，注重考点的落实与掌握
单元内容	以大概念为依托，形成高度结构化的知识体系	以教材内容为蓝本，知识相对零散，结构化程度不高
单元活动	既有贯穿整个单元学习的学习任务，也有相关子任务	学习活动相对简单，很少有综合性、挑战性学习任务
单元评估	多样化，注重学习过程和表现性任务的评估	相对单一，以纸笔测试为主
学习方式	以学生学习为中心，注重多样化的学科实践	以教师讲解为主，学生的学习体验相对较少
学习资源	与学习目标相关（教材、图书、网络）	以教材为主

正因为如此，大单元在整合知识内容时，一切都围绕落实核心素养的单元目标来进行。而大概念以其本质性、综合性、迁移性的特点成为大单元知识内容整合的聚焦点。

2. 大概念是构建大单元的有力抓手

大概念的"大"不是多，而是少而精；不是指包含更多知识，而是指更具通识性。大概念还是一个相对概念，有不同的层级。不论处在哪个层级，大概念都具有以下特点。

它具有中心性、核心性；它阐述事物的本质，揭示事物的规律；

它抽象、综合，不容易理解；它不仅具有统领性，可以聚合知识，还具有迁移性，可以跨越情境。

大概念的上述特点，使其成为构建大单元的有力抓手。

第一，大概念可以将零散的知识点联系起来，实现大单元内容的高度结构化。

在大单元教学中，学生显然要学习更多东西。如果这些东西依旧是零散的、孤立的，就难以形成系统性的知识体系，难以形成对学科全面而深刻的认知，就会导致大单元教学与课时教学没有区别。

聚焦大概念时，可对知识点进行整合和关联，促进知识的结构化，突出学科本质与核心，体现单元内容的育人价值。

第二，大概念可以促进大单元目标，特别是迁移应用目标的实现。

大单元教学注重真实情境，重视应用知识解决实际问题。那么，如何迁移应用知识？什么知识才具有迁移性？解决问题的策略从哪里来？这些问题，都可以从大概念中找到答案。

大概念不仅具有跨越时间、文化和情境的迁移性，而且它本身就是解决问题的基本策略和工具。围绕大概念建构大单元，有利于学生掌握学科核心思想与思维方式，提高解决问题的能力，实现单元的素养目标。

第三，大概念可以引领整个单元的学习，促进教学方式的转变。

大概念的抽象性、综合性，决定了在它的建构过程中需要对它进行持续理解和探究。大概念的迁移性直指新情境中的问题解决。大概念的这些特点，都可以引导教师走出单一的课堂讲解模式，为学生探索真实世界、现实生活搭建更多平台，提供更多机会。

围绕学生学习，教师可以设计多种学习体验，帮助学生实现由具体到抽象、从现象到本质的持续学习，不断深化对大概念的理解；可以更广泛地联系生活实际，让学生将所学内容应用于生产、生活，感受学习的价值与乐趣，提升综合能力和核心素养。

具体如何依据大概念构建大单元呢？

显然，要先有大概念。那么，如何概括大概念呢？第5讲、第11讲均有介绍，在此不再赘述。

明确具体大概念后，就要将大概念的应用作为大单元的重要目标，将大概念的建构过程作为大单元的学习内容。

此时，还可以设计具有挑战性的核心任务，引导学生完成核心任务，帮助学生理解大概念。如果核心任务过于综合，挑战较大，还可以设计一些子任务作为辅助。同时，还可以设计与大概念紧密相关的核心问题，激发学生的兴趣，引导学生持久思考，从而展开整个单元的学习（见图16-1）。

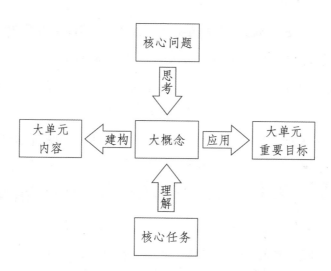

图16-1 通过大概念构建大单元示意图

三、大概念与大单元相辅相成

大概念离不开大单元，大单元也需要大概念，两者相辅相成，互相成就。

1. 大概念为大单元教学注入灵魂

首先，大概念为大单元教学提供明确的学习目标。

大概念是揭示学科基本原理、核心思想、基本方法的上位概念，它反映的是学科的本质。

在大单元教学中，将理解大概念、应用大概念作为单元目标，跨越了知识点，提升了单元的整体立意，丰富了单元目标的内涵。

其次，大概念为大单元教学提供单元内容的骨架。

大概念作为学科核心原理或概念，具有高度的统领性和整合性，能够更加结构化地整合相关概念、知识、过程和方法，形成具有逻辑关系和内在联系的知识体系。

大单元围绕大概念展开教学，有利于学生掌握学科知识、理解学科本质，促进学生对学科的全面认知，改变围绕基础知识和基本技能的传统单元教学状况，改变学生"只见树木，难见森林"的局面。

最后，大概念为大单元教学提供新的评估标准。

大概念体现了学科的核心思想和基本方法，是学科知识的精髓，是培养学生核心素养的重要素材。

将大概念作为评估标准，可以评估学生对学科本质的理解，可以评估学生知识迁移的能力，可以评估学生解决问题的水平，可以为评估素养目标的达成情况提供可能。

总之，大单元教学中不能没有大概念；缺乏大概念的大单元，不能算真正的大单元。

2. 大单元为大概念教学提供平台

首先，大单元为大概念教学构筑了知识平台。

大概念不是凭空产生的，需要大量事实性知识做支撑，是在很多次位概念与核心知识的基础上概括出来的。基础知识与基本技能是建构大概念的重要原料和工具。

综合大家的思考，我们认为，未来创新型人才的知识结构要呈金字塔形（见图 16-2）。

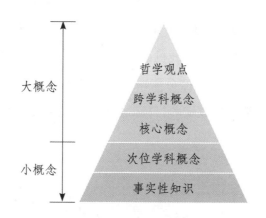

图 16-2　未来创新型人才知识结构"金字塔"

通过大单元，可以整合大量的知识与技能，为大概念教学的实施提供基础，为建构大概念提供丰富的资源和素材，为理解大概念提供支持和支撑。

其次，大单元为大概念教学提供了探究平台。

从图 16-2 中可以看出，大概念位于"金字塔"的上部，更加抽象、综合，单凭教师的讲解，学生很难理解，也不容易掌握，更谈不上会应用。

大单元教学注重学科实践，能给学生提供观察、考察、实验、调研、操作、设计、策划、制作、观赏、阅读、创作、创造等丰富的学习体验，有利于学生对大概念的持久思考、深入探究，从而促进学生对大概念的深入理解。

最后，大单元为大概念教学打通了应用平台。

大概念教学以现实世界为基点，不断引领学生在大概念与现实生活之间建立联系。也就是说，理解大概念，是为了应用大概念进行思考并解决问题。

大单元教学直面真实情境，直面生产、生活中的现实问题，不论是探究式学习任务，还是实践性学习活动，都可以引导学生将大概念应用到现实世界中，提升大概念教学的意义和价值。

总之，没有大概念的大单元教学，缺乏灵魂；没有大单元的大概念教学，缺乏应用场景和实践机会。

在教学实践中，很难区分大单元教学和大概念教学，两者你中有我，我中有你，都是达成素养目标的实践操作路径。

第 17 讲
大单元教学与项目式学习

项目式学习，作为一种新的教学方式，关注真实情境，强调问题驱动，注重学生作品的展示。其鲜明的特色与大单元教学的追求相一致，在落实核心素养上，两者有异曲同工之妙。

❋ 大单元教学和项目式学习都是落实核心素养的重要路径。

❋ 项目式学习需要从大单元视角进行组织、实施。

❋ 大单元教学需要融入更多项目式学习要素。

2022 年版义务教育课程方案和各学科课程标准，对教学方式提出诸多要求，尤其强调注重培养学生在真实情境中综合应用知识解决问题的能力。基于此，提出设计综合课程和跨学科主题学习，探索大单元教学，积极开展主题化、项目式学习等。

项目式学习与大单元教学究竟是什么关系呢？不少教师对下列问题还有疑问。

①什么是项目式学习？

②项目式学习与大单元教学是什么关系？

③为什么要在大单元教学中融入项目式学习要素？

一、一个单元未必是一个项目

大单元教学是一种教学方式，项目式学习也是一种教学方式。两者都是落实核心素养的重要路径。

然而，一个大单元不一定就是一个项目；从学习方式来说，大单元学习也不一定是项目式学习。

1. 有项目不一定是项目式学习

为什么这么说呢？

随着课堂教学的变革，教师越来越关注学生的主体作用，在日常教学中，也常常让学生做项目。例如，学习完相关内容后，让学生做演讲，做海报展示，甚至撰写研究报告，撰写活动策划书，等等。

但是有这些项目，不一定就是项目式学习。

项目式学习，不仅重视项目结束后的学习成果展示，即学生需要创造出高质量的产品，向他人展示自己的工作，同样重视学生在过程中的体验，即在项目进行中，学生观察了什么，区分了什么，思考了什么，分析了什么，"抽象"了什么，提出了什么，"决策"了什么，解决了什么，反思了什么，迁移了什么。

也就是说，项目式学习更看重学生是否持续经历了探究的过程，他们的心智是否得到了解放，他们是否创造出了新的知识和意义。

因此，项目式学习，不仅要有项目，还要考察这些项目是怎样创建的，是否来自真实情境，是否聚焦了核心问题，是否可以进行长期探究，是如何实施的，又是如何评估的，以及学生是否有机会表达自己的想法，成果是否公开展示，是否有机会进一步修正和改进。

可以说，就项目式学习来说，这些内容，比项目成果本身更有价值。

2. 项目设计的核心要素

美国巴克教育研究院，基于多年的研究，制定了项目式学习的"黄金标准"，其中包含围绕学习目标的七大项目设计核心要素（见图 17-1）。

"黄金标准"聚焦的项目学习目标如下 [①]：

• 核心知识和技能。

---

① 美国巴克教育研究院项目式学习计划. 项目式学习指导手册：每个教师都能做 PBL：中学版 [M]. 潘春雷，陆颖，译. 北京：中国人民大学出版社，2023：13.

图 17-1　项目设计核心要素 [①]

- 对概念及过程的深度理解。
- 诸如批判性思维、问题解决、合作、沟通、创造和项目管理这样的成功技能。

"黄金标准"包含的项目设计核心要素具体内容如下 [②]：

- 具有挑战性的问题或疑问。项目由一个待解决的、有意义的问题，或一个需要被回答的疑问构成，应该具有适当的挑战性。
- 持续探究。学生会参与严谨且持续一段时间的探究过程，去提出问题、寻找资源和运用信息。

①② 美国巴克教育研究院项目式学习计划. 项目式学习指导手册：每个教师都能做 PBL：中学版 [M]. 潘春雷，陆颖，译. 北京：中国人民大学出版社，2023：14，13-14.

- 真实性。项目或涉及真实世界的场景、任务、工具、质量评判标准，或能够对真实世界产生影响，又或者与学生个人的关注点、兴趣和他们生活中的话题息息相关。
- 学生的发言权和选择权。学生在项目中会做出一些决策，包括他们如何做项目和想要创造什么，并用自己的声音表达自己的想法。
- 反思。学生和教师要反思探究路径及项目活动的有效性，还要反思作品的质量，以及过程中遇到的困难和解决的方法。
- 批判性反馈和修改。学生要学会给他人反馈、接受他人的反馈，并运用反馈优化项目过程和项目成果。
- 公开展示的成果。学生要向公众展示项目作品，向课堂之外的人分享、阐述或展示。

对比上述"黄金标准"，反思我们在课堂上常做的项目，不难发现两者之间的差距。

很多时候，我们在课堂上还是沿袭传统的教学方式——教师讲解，学生听课，也会安排学生活动，但活动都比较简单，持续时间也短，然后布置作业。即使安排了学生自主阅读、自主探究，也常常是围绕具体知识内容进行的。只有在学习了具体知识之后，才会安排做海报、做演讲、撰写报告等项目。

这些项目通常会安排在单元教学的尾声，作为单元教学结束后的成果展示。虽然这些项目成果也会在课堂上呈现，但是一般不会花很多时间进行分析、评估和优化。最后通常还以考查知识和技能的纸笔测试来结束单元教学。

在大单元教学中，上述情况有所改变，一般会设计贯通整个单元学习的核心问题、学习任务，也会设计表现性评估。即便如此，项目依旧只是大单元教学设计的关注点，而没有成为设计的核心和教学实施的框架。按照上述项目设计核心要素来衡量，大单元教学很多时候还不是严格意义上的项目式学习。

二、大单元教学与项目式学习异曲同工

从上述"黄金标准"所聚焦的学习目标可以看出，项目式学习有知识与技能目标，有对大概念的持久理解目标，也有落实核心素养的目标。这与新课程标准所倡导的、大单元教学所追求的教学目标，完全一致。只不过一个是以单元为框架进行设计、实施，一个是从项目入手设计、实施，在探索落实核心素养的路径上，两者异曲同工。

1. 关联大概念

上一讲谈了大概念在大单元教学中的重要价值。

对大概念的理解和应用，既是大单元的目标，也是大单元的重要内容。同时，通过对大概念的持久思考与探究，拉动整个单元的学习。学生能否在新情境中迁移应用大概念，解决问题，也成为大单元评估的聚焦点。

可以说，大概念为大单元教学注入了灵魂，成为落实核心素养的有力抓手。

同样，大概念的内涵和特性也决定了它在项目式学习中的核心地位，大概念同样可以使项目式学习走向深入。

首先，项目式学习以核心大概念的持久理解和素养培育为目标。项目式学习追求深度理解知识，发展能力，培育情感态度和价值观，而不是单纯为做项目而做项目。

项目式学习的目标定位，决定了它指向的不是琐碎、零散的知识，不是事实类信息，而是学科或跨学科的核心大概念。

项目式学习通过大概念来整合更多知识和信息，在知识与知识、知识与概念、概念与概念之间建立起联系，借助项目建构起实现素养目标的知识框架。

从这个维度来说，项目式学习并不是漫无目的地寻找项目，同样要对标课程标准。

应通过细化课程标准，对其中的内容标准做深入探究和理解，对零散的知识进行提炼和升华，对学科本质与独特的育人价值进行概括和总结；然后从大概念的视角确定项目，或者将所设计的项目与其背后对应的大概念、关键能力建立联系。只有这样，才能借助项目，最终实现素养目标。

其次，项目式学习的过程更加注重探究实践，而且强调持续探究，为大概念的理解和应用提供机会。

项目式学习所确定的项目，来自真实情境，涉及真实世界的场景、任务、工具和质量评判标准，而且由学生提出问题，搜集证据，制定解决问题的方案。这种从提出问题到解决问题，以及反思、修改和优化作品的过程，会为学生学习重要观点、核心大概念提供机会和可能。

通过持续思考、讨论、争辩、探究，促进学生对大概念的思考、理解和迁移，这样，项目就不再是学习后的一个展示或表演，而是承载了大概念建构、理解和应用的全过程。

在项目式学习中，学生从提出问题到解决问题，要经历进入项目，明确学习目标，确定项目的主要作品及其公开展示方式，确定项目的过程性评估节点等，进而展开项目的实施过程：组建项目小组，展开持续研讨和探究，建立与知识之间的联系，对照评估标准分析、评估，完成作品并公开展示，根据反馈意见修改和优化。

《项目式学习指导手册：每个教师都能做 PBL（中学版）》一书将上述过程归纳为四个阶段，并认为这是大多数项目都会采取的典型路径（见图 17-2）。

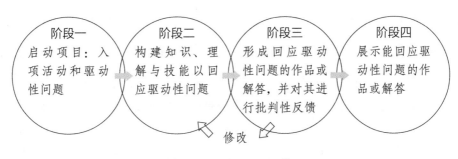

图 17-2 项目路径 ①

显然，上述阶段的所有内容，需要若干课时才能完成。从这个角度来说，项目式学习也要依赖大单元教学来实现。

2. 依赖"问题驱动"

大单元教学中，一般都有一个引导学生持续思考的基本问题。基本问题不是基础问题，相反，它揭示了事物的核心，反映了事物的本质，因此也称为"核心问题"。

核心问题引导学生不断思考和探索，从而展开整个单元的学习。

例如，高中语文"《乡土中国》整本书阅读"单元，教师先后两次设计了不同的核心问题：

第 1 次：作为中国基层社会的乡土社会，究竟是个什么样的社会？

第 2 次：当今的中国"乡土"社会是否依然是乡土社会？

——————
① 美国巴克教育研究院项目式学习计划. 项目式学习指导手册：每个教师都能做 PBL：中学版 [M]. 潘春雷，陆颖，译. 北京：中国人民大学出版社，2023：66.

由上述案例，我们再次感受到核心问题不是一般的问题，它是开放的，没有明确的答案，是引导、激励学生对单元内容，特别是核心大概念进行深入探索的问题。

教师之所以不断优化核心问题，是因为发现第 1 次设计的问题在书中能找到现成的答案，学生只需获取书中的信息就可以得出结论，无须进行深入思考，持续探究。

第 2 次设计的问题，将书中内容与现实社会联系起来，学生会持续思考"在当今社会，这本书里的观点和分析是否还有价值"，会持续探究这本书对当代中国社会的意义。这正是核心问题的价值所在——不断引发新的思考、新的问题、新的探究，从而不断加深对核心大概念的理解。

项目式学习也非常重视问题的驱动，甚至直接将重要问题称作"驱动性问题"。

项目式学习典型路径的四个阶段都涉及"驱动性问题"。也就是说，项目式学习是从提出驱动性问题开始的，然后在不同层面对驱动性问题展开回应，最后形成并展示能回应驱动性问题的作品。整个过程紧扣驱动性问题展开。

那么，什么是驱动性问题呢？

大家不要以为又出现了一个新名词。其实，项目式学习中所说的驱动性问题与大单元教学中所提的核心问题或基本问题非常相似。只不过项目式学习更强调学生的自主探究和实践，更关注学生的主动参与，因此所设计的问题更有激发性，会让学生更感兴趣。

考虑到核心问题还是比较大，比较抽象，有时学生不容易接受，因此专家建议，将核心问题转化为更有激发性和趣味性的驱动性问题。

当然，如果核心问题本身也非常有趣，那么，此时的核心问题就是驱动性问题。

三、在大单元教学中融入项目式学习要素

大单元教学有其自身的完整体系，项目式学习也有其独特的优势。在教学实践中，可以结合具体的教学内容和教学时间，统筹安排大单元教学与项目式学习。同时还需要在日常的大单元教学中，更多地融入项目式学习要素，以更好地实现素养目标。

1. 让核心问题成为驱动性问题

研究同样的内容，驱动性问题更容易激发学生，更容易让学生感兴趣，更容易吸引学生。例如：

核心问题：为什么衰老是一种正常的生命现象？
驱动性问题：衰老是一种病吗？

核心问题：音乐是怎么形成的？
驱动性问题：如何把随处可听见的声音变成音乐？

核心问题：我们如何确定历史事件的"重大"？
驱动性问题：历史事件那么多，如何确定哪些事件是重大的？

由此可见，在大单元教学中，应该将核心问题转化为驱动性问题，以更好地促进学生学习和探究。

《项目式学习指导手册：每个教师都能做 PBL（中学版）》列出了

驱动性问题应符合的三条准则 ①。这可以帮助教师更好地将核心问题转化为驱动性问题。

1. 能吸引学生参与

- 学生能听懂问题，并且问题听上去具有启发性、趣味性、重要性。

- 适合参与该项目学生的年龄、背景、所在的社区等。

- 听起来不像是教师或课本常常会提出的典型问题。

- 能引导学生提出进一步的问题并开始探究过程。

- 根据项目的不同，通过将问题关联当地的场景，或者让学生感受到采取行动的责任感，使项目更具参与度。

- 在适当的情况下，提出问题时要使用"我"或"我们"，而不是"你"或"学生"，以此培养学生的主人翁意识。

2. 开放性

- 问题要有多个可能的答案，并且答案要具有原创性；学生无法简单地用搜索引擎找到答案。

- 答案要有复杂性，需要学生收集信息和运用批判性思维。

- 问题可以是一个是非题，但必须要有详细的解释或理由。

3. 与学习目标对应

- 要回答这个问题，学生需要学习项目指向的目标知识和理解，并练习关键的成功技能。

---

① 美国巴克教育研究院项目式学习计划. 项目式学习指导手册：每个教师都能做 PBL：中学版 [M]. 潘春雷，陆颖，译. 北京：中国人民大学出版社，2023：55.

- 问题并非简单地复述课标内容。但在不会过于冗长或打消学生积极性的前提下，可以采用课标中的语言。
- 问题不要设置得太宽泛，所涉及的知识不要超过合理时间内能学习的容量。

2. 将学习任务作品化

项目设计的核心要素之一是"公开展示的成果"。即学生需要在项目式学习中，创造出高质量的作品，然后向公众公开展示，向课堂之外的人分享自己的工作，阐述、展示自己的作品。

这一环节，学生会解释他们做出某些选择的理由、探究的过程、开发项目的方式和学习的收获等。这一环节对学生是否实现学习目标是一个很好的评估，同时也是对学习过程的一个很好的反思。更重要的是，学生在完成作品的过程中，会经历思考、探究、合作、创造等一系列深度学习体验，这是非常值得大单元教学借鉴的。

大单元教学所设计的核心任务，贯穿整个单元的学习，类似于项目式学习的项目。反思核心任务的设计和实施过程，有两点可以继续优化。

第一，尝试将学习任务作品化。

作品化的学习任务，不是常规性读读写写的学习任务，而是更加创新、更有设计感和创造性，需要学生动脑动手、需要更多创新思维和更强实践能力才能完成的任务。

作品化的学习任务，不仅重视知识的理解，更重视知识的应用，是通过解决实际问题切入的，是更有挑战性的学习任务，需要学生投入更多时间和精力才能完成。

第二，重视学习任务评估反馈后的改进和优化。

在日常教学中，教师重视对学习任务的评估，但是通常评估结束也就意味着单元学习的结束。

因此，项目式学习的"批判性反馈和修改"环节，值得大单元教学重视。

在这个环节中，一方面，学生要学习如何给他人以反馈；另一方面，要学习如何接受他人的反馈，并运用反馈优化项目过程和项目成果。

通过这个环节，不仅可以帮助学生优化最后的学习成果，更好地实现学习目标，而且能帮助学生学会评估，学会反馈，以及学习如何看待和使用反馈，从多个维度帮助学生学会学习。因此，这个环节需要在大单元教学中加强。

第 18 讲
大单元教学与深度学习

深度学习，强调理解的深刻性、过程的体验性、结果的迁移性，与大单元教学的理念完全一致。它们的目标都是落实核心素养。

✳ 大单元教学与深度学习目标一致。

✳ 大单元教学是深度学习的载体。

✳ 深度学习是大单元教学的追求。

深度学习，与其说是一种教学方式，不如说是一种教学理念。不论是大单元教学、大概念教学、项目式学习，还是每节课的教学，都应该追求深度学习。唯有如此，不同的探索路径才能最终通往落实核心素养的目标。

那么，如何做到深度学习呢？下列问题需要进一步澄清。

①深度学习有哪些特征？

②大单元教学与深度学习是什么关系？

③怎样实现大单元教学中的深度学习？

一、深度学习的起点是理解

如同大单元教学要整合琐碎的知识点，要持久理解核心大概念一样，深度学习要探索事物的本质，要经历分析、判断、比较、综合等一系列思维过程，理解是深度学习的起点。

1. 深度学习是一种基于理解的学习

在课程改革的大背景下，涌现出不少新的教学方式，比如大单元教学、大概念教学、项目式学习、问题化学习、合作学习、探究式学习、跨学科学习，等等。

这些教学方式，虽然视角不同，但都是在探索如何提升学生的思维能力和解决问题的能力，彼此之间有很多相通的地方，最终目标都指向核心素养。

值得注意的是，不论哪种教学方式，如果学习起点没有定位到"理解"层面，就很难有学生高认知的投入、高情感的投入，达不到深度学习的状态，也难以实现学生思维能力和解决问题能力的提升，最终很难实现落实核心素养的目标。

实际教学中，确实存在这种现象，表面上进行了教学方式的变革，深入课堂后却发现，改变的只有形式，学生依旧进行着机械的、浅层次的学习。

例如，大单元教学，实施过程中依旧将知识点的记忆和掌握作为教学重点；主题化学习，围绕主题的是一堆零散的内容；项目式学习，为项目而项目，缺少内涵；问题化学习，流于形式，在一些浅层次问题上来回争辩；跨学科学习，呈现的是各学科内容的拼盘；等等。

有鉴于此，将学习起点定位于理解的重要性便凸显出来。

第一，将学习起点定位于理解，才有深度学习的可能。

什么内容需要理解？

一定是本质的、抽象的、概括性的、统领性强的内容。一般的知识点、事实性知识，属于"是什么"和"为什么"的内容，它们都比较具体，通过记忆就可以掌握，谈不到深刻理解。

大单元教学，如果以知识点学习为重点，就说明内容没有充分整合；主题化学习，如果依旧是围绕主题教一堆琐碎内容，也是因为没有提炼出凸显主题的核心内容；项目式学习、问题化学习，如果流于形式，层次较浅，也是因为没有概括出本质内容。如果没有需要深刻理解的内容，没有具有挑战性的内容，自然就很难进行深度学习。

第二，将学习起点定位于理解，才有深度学习的机会。

前面多讲都谈到了大概念教学，它不容易操作，既不好教，也不好学，无法通过讲解来实现理解，也不能通过陈述事实来掌握。

也就是说，只有当教学聚焦于如何理解大概念时，学生才有深度学习的机会。因为此时，需要进行深度探究，需要提供挑战性任务，需要核心问题、驱动性问题的引导，需要学生观察力、思考力、判断力、决策力和创造力的投入。只有经历这样的深度学习过程，才可能回答本质性问题，实现对大概念的理解。

因此，只有概括出本质性内容，提炼出核心大概念，才有深度思考、探究、实验、实践的可能，才有深度学习的机会。

第三，将学习起点定位于理解，才能实现深度学习的目标。

通过深度学习，最终要能解决实际问题，实现在新情境中对知识的迁移应用。

遇到新情境，学生如何解决问题？仅仅靠回忆公式和做习题，解决不了真实问题。面对复杂问题的挑战，学生首先需要理解问题所涉及的具体情境是什么，然后尝试将学过的策略和方法迁移到新情境中。

策略和方法从哪里来呢？核心大概念常常就是学科或者跨学科的基本思想和方法，是学生分析问题的重要切入点，是学生解决问题的基本策略和工具。核心大概念虽依托知识，但并不指向具体知识，它更科学，更深刻，更抽象，可以超越课堂，跨越情境，具有迁移性。

这就是为什么大单元教学、大概念教学、项目式学习、问题化学习都强调要聚焦核心大概念的原因。

2. 理解的多侧面

在安德森等人的认知过程分类中，认知过程由低到高依次分为记忆/回忆、理解、应用、分析、评价和创造。有时我们不自觉地将"理解"理解为低层次的认知过程。

事实上，"理解"也是多层次、多侧面的，其内涵非常丰富。在《追求理解的教学设计（第二版）》一书中，作者从多个方面阐释了对"理解"的理解，提升了我们的认知。

首先，针对教学中常常混用"理解"和"知道"这两个词，作者对两者做了对比（见表18-1）。

表 18-1　知道和理解 [①]

知道	理解
事实	事实的意义
大量相关事实	提供事实关联和意义的理论
可证实的主张	不可靠的、形成中的理论
对或错	有关程度或复杂性
知道一些正确的事情	我理解为什么它是知识、什么使它成为知识
根据所知回应提示	我能够判断何时使用以及何时不用我所知的内容

其次，作者强调，"理解"既有动词的意义，也有名词的意义。

作为动词，理解就是能够智慧而有效地使用或者应用知识和技能。显然，做动词用的理解也包含对某个概念的认知和领悟过程，涉及分析、综合、比较、概括和解释等一系列行为。

例如，在学习数学时，学生需要理解各种数学概念，如函数、概率等。学生只有真正理解这些概念，才能够灵活运用它们解决问题。

作为名词，理解就是努力去理解（动词）的成功结果。它可以视为一种认知状态或结果，它表示对某个概念全面而准确的认识。

例如，在学习物理时，学生可能会经历探究公式的含义、观察实验现象、尝试解决一些问题等过程，逐步进入对公式全面而深入的理解。

最后，鉴于理解的复杂性，作者还从六个侧面对理解做了阐述，帮助教师针对不同的学习内容，围绕理解的不同维度，设计教学目标

---

① 威金斯，麦克泰格.追求理解的教学设计：第二版 [M].闫寒冰，宋雪莲，赖平，译.上海：华东师范大学出版社，2017：39.

（见图 18-1）。

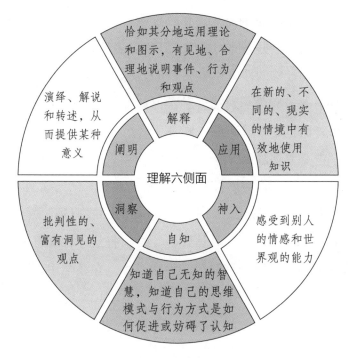

图 18-1　理解六侧面[①]

二、深度学习的导向是迁移

这一点与大单元教学的目标完全一致。大单元教学的重要目标就是实现知识的迁移应用，从而提升学生的综合能力和核心素养。

---

① 王贝贝.关于"理解六侧面"的探究 [M] // 王春易.学以致用的教师阅读.北京：中国人民大学出版社，2023：145.

1. 迁移的种类

迁移是一个很宽泛的概念，在教育领域，通常指一种学习对另一种学习产生影响。根据不同的视角，迁移有多种分类方式。

例如，根据迁移的性质和结果，可以将其分为正迁移和负迁移。

正迁移，是一种学习对另一种学习产生积极的影响，这是教学所期待的结果。而负迁移，则是一种学习对另一种学习产生消极的影响，这是在教学中要力求避免的。

根据迁移的内容，可以将其分为一般迁移和具体迁移。

一般迁移，是指将从一种学习中习得的一般原理、方法、策略、态度等迁移到其他学习中。具体迁移，是指将从一种学习中习得的具体的、特殊的经验直接迁移到另一种学习中。在教学中，这两种迁移都需要。

除上述分类外，在教学实践中，还常用到根据迁移范围而划分的近迁移和远迁移。

近迁移，是指将所学的经验，迁移到与原初学习情境比较相似的情境中。远迁移，则是指将所学的经验，迁移到与原初学习情境不太相似的情境中。

显然，习题的反复演练更似近迁移，而真实情境中的问题解决则是远迁移，我们更希望学生具有远迁移的能力。

2. 深度学习指向远迁移

如何通过深度学习，有效地实现远迁移呢？

在《为迁移而教：现实生活应用型学习设计指南》一书中，作者提供了相关策略和工具。

第一，制定迁移水平的学习目标。

为了让学生参与到迁移水平的学习中，教师需要制定相应的学习目标。具体可以使用下列迁移水平的动词来制定（见表18-2）。

表18-2　迁移水平的动词[①]

迁移水平的动词	学生将设计和实施……
	学生将制订……
	学生将概括……
	学生将假设……
	学生将发起……
	学生将思考……
	学生将探究……

第二，创设多元情境。

一旦确定了迁移水平的学习目标，接下来就要讨论与学习目标相关的不同情境，为将来的迁移做好准备。此时，教师可以与学生一起讨论，既可以创设学科内的新情境，也可以创设学科外的新情境。

第三，设计迁移水平的问题。

与迁移有关的问题，前面已经分析过，一个是揭示事物本质的核心问题，另一个是既揭示事物本质又能激发学生兴趣的驱动性问题，它们都直接关联核心大概念。例如[②]：

我们怎样才能改变人类与某些动物之间的敌对关系呢？

人类应该在多大程度上对诸如外太空这样没有被一些物种所占有的空间负责？

---

①② 麦克道尔. 为迁移而教：现实生活应用型学习设计指南 [M]. 盛群力，马云飞，朱婧，等译. 杭州：浙江科学技术出版社，2023：40，45.

我们能在多大程度上保证所有人都受到了当前和过去的技术革新的积极影响？

人类能在多大程度上控制多样态的进化？

人类应该操纵进化过程吗？

第四，制定迁移水平的学习任务。

作者建议引导学生参与其中。首先，针对第二步呈现的不同情境，引导学生评估它们之间的异同。然后，引导学生创设一个能够连接不同情境的驱动性问题。接下来，学生需要学习学习目标中的内容，尝试回答驱动性问题。最后，学生可以通过多种方式呈现他们的解决方案，即对驱动性问题的回答。

三、深度学习可以避免大单元教学陷入误区

大单元教学与深度学习理念相同，深度学习理念可以对大单元教学起到监督和指导作用，避免其陷入误区。

1. 避免陷入知识灌输的误区

大单元教学注重知识的系统性和完整性，在实施过程中，容易过度关注知识，忽略学生的主体地位，忽略学生的实际需求和兴趣，忽略学生的学习感受，回到以教师为中心灌输知识的老路。

不少教师在设计大单元教学时，思考的是素养目标，是核心大概念的理解，是知识的迁移应用。但在具体实施时，教学行为却没有转变过来，依旧将知识传递作为教学目标，将知识学习与知识应用割裂开来；没有设计贯穿整个单元学习的学习任务，没有设计引导学生深入探究的核心问题，学生的学习体验比较简单，还是停留在听课、做

笔记、习题演练的层次上。

深度学习在强调知识深入理解和应用的同时，更重视深度的学习体验：强调学生在学习过程中的分析、比较、判断、推理、评价；重视学生主动学习，独立思考，合作交流；重视让学生将所学知识应用到实际情境中；重视让学生对所学知识进行反思和总结，发展学生的元认知。

深度体验是深度学习的重要特征。如果学生没有进行深度学习，实际上就在提醒教师在教学设计中，要更加重视学习过程的设计，更加关注学生的学习体验，并通过创设多样化的学习方式，引导学生深入思考和探究，培养学生的高阶思维能力和问题解决能力，避免大单元教学陷入知识灌输的误区。

2. 避免陷入一刀切的误区

深度学习指向的是学生的学习，因此要重视学生的个体差异和个性化学习。

每位学生都是独特的个体，具有不同的学习风格、兴趣和需求。在教学中，教师应该尊重学生的个体差异，关注每位学生的特点和需求，为学生提供丰富多样的学习资源；同时，采用不同的教学方式和评估标准，使每位学生都能在自己的基础上进行深度学习。

深度学习的这些内容提示教师，在进行大单元教学时，应将讲解、讨论、实验、案例分析、制作、创作等不同的教学方式贯穿其中，以适应不同学生的学习需求和兴趣。同时，应根据学生的实际情况，采用不同的评估标准，运用灵活的评估方式，对学生的学习情况进行评估，以更好地促进每位学生的进步。

在大单元教学中，要避免采用统一的教学方式和评估标准，避免陷入一刀切的误区。

第19讲
大单元教学设计的评估与反思

大单元教学设计得如何？是否符合大单元教学设计的理念？是否能达成落实核心素养的目标？有什么证据可以证明它能实现大单元目标？

要回答上述问题，评估与反思必不可少。

※ 评估与反思是大单元教学设计的必要环节。

※ 评估可以确保大单元教学设计走在正确的路上。

※ 反思可以发现大单元教学设计的亮点和待改进之处。

谈到评估，容易联想到的是对学生学习成效的评估，对是否达成单元目标的评估。这些内容在前面第9讲中已有介绍。本讲所说的评估是针对大单元教学设计本身的评估，涉及以下问题：

①这个大单元教学设计究竟怎么样？
②可以运用哪些工具对大单元教学设计进行评估？
③这个大单元教学设计在哪些方面还可以进一步优化？

一、大单元是否够"大"

在对大单元教学设计的评估中，没有比"这个单元是否够'大'"更重要的了。这是大单元之所以称为"大单元"的核心，也是其区别于普通单元的关键。

在评估大单元教学设计的诸多维度中，有两个是重中之重，是评估的重点。一个是单元目标，一个是单元内容。对大单元教学设计来说，这两个维度直接决定了这个单元是否够"大"。

1. 目标是否够"大"

教学目标，经历了双基目标、三维目标时代，已经进入素养目标时代。无疑，落实核心素养是大单元教学设计的初衷。与以往的教学设计相比，大单元教学设计做出的所有调整和改变，都是为了更好地落实核心素养，实现高质量育人。

因此，大单元目标是否指向核心素养，是否基于核心素养，就成为大单元能否称为"大单元"的关键。

那么,如何评估大单元目标是不是素养目标呢?可以从以下三个维度进行(见表19-1)。

表19-1 大单元目标的评估维度

维度	内容
1	是否把将单元内容应用到新情境中,作为重要的单元目标
2	是否将对重要思想、核心概念的理解,作为重要的单元目标
3	是否将帮助学生学习,作为重要的单元目标

上述三个维度相辅相成,是统一的整体,共同指向核心素养。

核心素养是指学生在学习过程中形成的关键能力、必备品格和正确价值观。

维度1,将单元内容应用到新情境中,就是解决问题的能力,这个能力就是学生应对未来生活和挑战的关键能力。考查学生在新情境中迁移知识、应用知识的情况,就是对学生解决问题这个关键能力的评估。

同时,学生在解决问题的过程中,会呈现出解决问题的态度、合作沟通能力、批判性思维、判断力、创新能力等必备品格与关键能力。通过观察学生面对问题,是否积极主动参与,是否不怕困难、坚持不懈,能否与他人合作、分享资源、共同寻找解决方案等,就可以评估其是否具有应对未来挑战的必备品格。

而且,通过观察学生能否以负责、担当、公正、诚信的态度解决问题,能否从环保、公益、公平的角度考虑问题,是否主动探索问题本质并积极寻求科学方法解决问题,是否对新知识保持好奇心和求知欲等,可以对其价值观进行评估。

维度2,学习必须以概括/原理为引导来实现知识的应用,通过死记硬背、反复演练习题获得的知识很难实现迁移。因此，学习者只有理解了基本概念和原理，才有可能在新情境中应用知识解决问题。

由此可见，学生能将单元内容应用到新情境中，能实现对重要思想、核心概念的理解是知识迁移的前提。没有这两个目标，就无法实现知识的迁移，也很难考查学生能否解决问题，以及在解决问题过程中的表现。

维度3，核心素养不是外在的符号，而是"长在学生身上"的素养，要通过学习慢慢积淀。只有将帮助学生学习作为重要的单元目标，才能确保后续教学环节都是围绕学生学习展开的，才能确保学生有深度、多样的学习体验。否则，既无法实现对重要思想、核心概念的理解，也不能实现对单元内容的迁移，素养目标很容易沦为一个无法落地的标签。

根据大单元目标的评估维度，具体可以尝试使用下面的评估标准（见表19-2）对单元目标进行评估。

表 19-2　大单元目标的评估标准

评估标准	是	否
1. 目标中是否出现了新情境以体现迁移，而不是一般的知识应用		
2. 目标中是否使用了体现迁移的动词		
3. 目标中是否有对重要思想、核心概念的理解		
4. 目标中对重要思想、核心概念的理解能否体现迁移思想		
5. 目标中对重要思想、核心概念是否有明确的描述		
6. 目标中由重要思想、核心概念转化的核心问题是否具有开放性，并发人深思		
7. 目标中是否有相应的知识和技能，以实现对重要思想、核心概念的理解，并促进迁移		
8. 是否有帮助学生学习的目标		

评估标准	是	否
9. 对帮助学生学习的目标，描述得是否具体		
10. 帮助学生学习的目标，是否具有可操作性		

2. 内容是否够"大"

大单元是否够"大"，除了评估单元目标以外，还要评估单元内容是否够"大"。如果没有足够"大"的内容做支撑，再"大"的目标也无法实现。

如何考察单元内容是否够"大"呢？一个重要的标准是看单元内容是否至少包含一个比较上位的核心大概念。

当一个单元整合了很多内容，但是没有概括出体现学科本质的核心大概念时，学生的学习就会陷入简单的知识记忆和掌握中，他们就无法感知分析、比较、判断、综合等深度学习体验，无法经历从具体到抽象的思维过程，自然也就很难实现再从抽象到具体，以及从抽象到抽象的迁移过程。

因此，一个单元如果没有概括出核心大概念，无论整合了多少内容，也不能称为"大单元"。

同样，主题化学习、项目式学习、问题化学习、探究式学习、合作学习、跨学科学习，不论哪种教学方式，都应该概括出相应的核心大概念。没有抽象、概括的核心大概念做支撑，所有教学方式就都没有灵魂，容易陷入零散、无序的知识海洋。

有的教师纠结：将大概念作为重要内容，基础知识怎么办？难道学生不需要掌握吗？当然不是。

过去课堂上作为教学重点的知识点，在大单元教学中地位和角色变了，它们不再是教学重点，而变成建构核心大概念的素材、资源和工具。依托大概念构建起的知识体系，是一个高度结构化的架构，基础知识和基本技能就是基础零部件，是必不可少的内容。

具体可以尝试使用下面的评估标准（见表 19-3）对单元内容进行评估。

表 19-3　大单元内容的评估标准

评估标准	是	否
1. 是否从概念维度梳理了单元内容		
2. 是否确定了本单元相关概念之间的逻辑关系		
3. 是否确定了本单元的核心大概念		
4. 本单元确定的核心大概念，是否具有大概念的基本特征		
5. 本单元确定的核心大概念，是否符合学生的认知水平		
6. 是否明确本单元的核心大概念，属于理解六个侧面的哪个侧面		
7. 是否明确建构本单元核心大概念的步骤和支架		
8. 是否明确建构本单元核心大概念需要的基础知识和基本技能		
9. 是否明确本单元哪些内容是最重要的，哪些内容是不重要的		
10. 是否明确本单元所有内容之间的逻辑关系		

二、"教—学—评"是否一致

大单元目标确定后，如何保证后续的设计环节始终走在通往目标的路上呢？此时，对"教—学—评"是否一致的评估就显得特别重要。

"教—学—评"是否一致，需要从三个方面进行评估。

1. 教学与目标是否一致

按说，教学与目标应该是高度一致的，但是有时人们对大单元的素养目标理解不深、把握不准，如果不及时进行两者一致性的评估，就容易走回传统教学的老路，使素养目标不能得到有效落实。

在教学设计过程中，情境的创设、内容的选择、活动的组织、问题的设计等，都需要紧扣大单元目标，确保与大单元的素养目标保持一致。

2. 评估与目标是否一致

在传统教学中，评估常常放在教学结束之后，纸笔测试是比较常用的方式。而大单元教学要持续一段时间，因此，过程性评估就显得尤为重要。而且仅靠纸笔测试，并不能全面考察学生的综合能力和核心素养。

因此，由谁来评估、什么时候评估、评估什么内容、怎样评估等问题都需要提前设计，并且在设计过程中不断校正评估与目标的关系，确保不论是过程性评估还是终结性评估，不论是教师评估学生还是学生评估自己，不论是纸笔测试还是表现性评估，都与单元的素养目标保持一致。

3. 教学与评估是否一致

学什么，就评估什么，考的内容就是学的内容，这就是教学与评估的一致性。

为了鼓励学生更加努力学习，教师有时在命题时提高难度，甚至扩大范围。这种做法其实不妥。评估有发现问题的作用，更有激励学生学习的价值。应该通过评估，让学生看清目标，发现所学内容的价值，找到自己的优势和不足，更好地引领学生学习。

具体可以尝试使用下面的评估标准（见表19-4）对"教—学—评"一致性进行评估。

表 19-4 "教—学—评"一致性的评估标准

评估标准	是	否
1. 是否有"教—学—评"一致性的意识		
2. 教师所教、学生所学是否与单元目标保持一致		
3. 评估标准是不是根据单元目标设计的		
4. 评估内容与所学内容是否一致		
5. 是否将评估嵌入了教与学的过程		
6. 是否有针对迁移目标的评估		
7. 是否有针对核心大概念理解目标的评估		
8. 是否有针对具体知识与技能目标的评估		
9. 是否有针对帮助学生学习目标的评估		
10. 是否关注了评估的多样性与多元化		

三、反思是一次再学习

反思不是简单的回顾，而应该成为一种有力量的思考活动，成为一次再学习。应通过反思，发现大单元教学设计的闪光点，发现其中的不足和改进点、优化点，并从中获取宝贵的洞察和启示。

反思可以通过多方位的观察，以及借鉴、总结他人的经验进行。更重要的是敢于直面教学的本质问题，自我提问，自我剖析，从而不断获得自我成长。

大单元教学设计，至少需要以下四个方面的反思。

1. 对设计理念的反思

教师要从根本上反思自己的教学设计理念。也就是说，要对自己在教学活动中所体现出来的教育观、课程观、学生观、评价观进行反思。这是教师专业成长的根本。

通过以下问题可以对一个单元的教学设计理念进行反思。

①是否体现了学生中心的理念？

②是否落实了新课程标准的要求？

③是否以提升学生的综合能力和核心素养为目标？

④是否致力于改变学生的学习方式？

⑤是否用评估促进学生学习，实现了"教—学—评"的一致性？

2. 对所教内容的反思

一个单元，想教什么内容，实际上教了什么内容，这是需要反思的。对大单元教学来说，这尤为重要。不少教师都有先进的教学设计理念，但是回到课堂上，涉及具体内容时，往往又回到了熟悉的知识逻辑。

通过以下问题可以对一个单元所教的内容进行反思。

①本单元所教的内容是高度结构化的知识体系，还是零散的知识点？

②本单元是否有明确的、符合学生认知水平的核心大概念？

③本单元是否以核心大概念的建构和理解作为重要学习内容？

④本单元所学习的知识和技能是否有利于对核心大概念的理解？

⑤本单元是否深入挖掘了知识背后的育人价值？

3. 对教学方法的反思

讲授、问答、示范属于比较传统的教学方式。大单元教学，更强调学生的探究、实验、实践、小组合作和个性化学习。改变以教师为中心的教学方式很难，教师只有通过一次次反思，才有可能实现自我突破。

通过以下问题可以对一个单元的教学方法进行反思。

①本单元是否对以教师为中心的教学方式有所突破？

②本单元是否运用了新的教学方式？

③本单元具体运用了哪些教学方式？

④本单元选择每种教学方式的依据是什么？

⑤本单元每种教学方式实施的效果如何？

4. 对学生学习情况的反思

大单元是学生的学习单元，我们不仅要看教师是如何教学的，教得如何，更要考查学生是怎样学习的，学得如何。学习是否真实发生、学习目标是否有效达成是反思的关键。

可以通过以下问题对一个单元的学生学习情况进行反思。

①学生是否知道单元的学习目标？

②学生是否知道每节课的学习目标？

③学生是否知道每节课学习内容与学习目标的关系？

④学生有哪些学习平台和学习体验？

⑤学生有哪些学习资源，它们能否满足学习需求？

⑥学生的个别化学习需求能否得到满足？

⑦学生如何发现学习过程中的问题？

⑧学生在学习过程中遇到问题和困难时能否及时得到帮助？

⑨学生通过哪些方式对自己的学习进行评估？

⑩有哪些证据表明学生能够学以致用？

⑪有哪些证据表明学生实现了对核心大概念的理解？

⑫有哪些证据表明学生掌握了基础知识和基本技能？

⑬学生是兴致勃勃、积极主动地学，还是懒懒散散、心神不定地学？

需要提醒的是，不论评估还是反思，都不应该设置时间点。在大单元教学设计和实施的全过程都要充分利用评估和反思的工具，将评估和反思贯穿其中，以确保大单元教学真正成为有效落实核心素养的实践操作路径。

第20讲
大单元教学设计应避免的误区

大单元教学，是国家新课程标准所倡导的教学方式，属于新事物。教师既要学习，更要勇于实践，提升设计能力，避免陷入误区。

※ 走出误区，优化大单元教学设计。

※ 减少误区，改进大单元教学实施过程。

※ 避免误区，提升学生的学习质量。

当前，很多学校都在大力推进大单元教学，教师也都在努力改变过去的教学方法，大力进行课堂整合。在教学实践中，教师发现，要想进行大单元教学设计，不仅需要转变教育教学观念，还需要学习基本思路和方法，并在课堂上不断实践，否则就很容易陷入误区。

本讲主要讨论以下三个问题：

①大单元教学设计容易陷入哪些误区？

②大单元教学设计陷入误区的具体表现是什么？

③对出现的误区，应该如何进行更正、改进？

一、设计单元目标的误区

设计单元目标是教学设计的重点，更是难点，设计大单元目标更是如此。稍有不慎，就容易陷入下列误区。

1. 立意不高

立意不高是大单元目标设计最常见的误区。大单元之所以称为"大单元"，就是因为单元目标立意高远，以学生为中心，关注学生的全面发展，从知识维度上升到了素养维度，实现了知识与技能、过程与方法、情感态度与价值观的整合。这是大单元教学区别于普通单元教学的关键。

如果教师对教育目标缺乏深入理解，对新课程标准所提出的课程理念、课程目标、学业质量研究不足，就会导致教学观念滞后，所设计的单元目标"大"不起来。具体有以下表现。

①片面强调知识内容。单元目标全面覆盖教材知识点，忽视对学生能力和情感态度与价值观的培养。

这种目标导向的课堂，知识点琐碎，内容较多，非常容易陷入教师的"一言堂"。教师没有时间关注学生的学习，很难引导学生与教材内容进行"互动"。课堂上，教师通常自己将教材内容讲一遍，至于学生听进去多少、听懂多少、又有多少内容会应用，都难言理想。

②缺乏整合思维。单元目标就是每节课目标的堆砌，没有将知识和技能有机整合起来，形成更加结构化的内容体系；没有将三维目标有机整合起来，让其发挥更强的育人导向作用。

这种目标导向的教学依旧是零散的、随意的，没有解决单纯关注知识的问题。学生可能记住了一些内容，却难以形成深入的理解，更无法应用所学知识解决实际问题。

③应试化倾向严重。单元目标围绕考题、考点设计，忽视学生的真实需求和发展特点，忽视学生的全面发展。

这种目标导向的课堂，教师常常就题讲题，围绕考点反复讲解。由于没有更高的教学立意，没有针对学生的思维盲点、解题难点设计教学，对学生的个体差异关注不够，课堂氛围通常十分沉闷。学生看似在听讲，其实对学习缺乏热情，教学效果不佳。

2. 结构松散

大单元教学设计特别强调结构化，体现在目标设计上则强调，目标要有不同的层次、不同的维度，而且彼此之间要有逻辑关系，能够彼此支撑。

例如，大单元目标有两个特别重要的维度，一个是知识的迁移应用，一个是对核心大概念的持久理解。而且持久理解的内容与迁移应用的内容要有强关联，即课堂上学习的核心大概念，就是实现知识迁移应用的主要观点。

如果大单元目标只关注某个维度，而忽视其他维度，或者维度之间关联性不强，逻辑关系不明，就会陷入结构方面的误区。例如：

①缺乏迁移应用目标。

这个误区比较常见，单元目标中列出了很多内容，唯独没有在新情境中解决真实问题的迁移应用目标。有的单元目标中即使列出了一些应用的内容，但没有将其作为重点目标，或者仅仅是简单的应用，还达不到迁移应用的水平。

②缺乏持久理解目标。

单元目标设计一般都会涉及"理解"层次。然而，持久理解是较高的要求，什么内容才需要持久理解呢？

误区常常出现在需要持久理解的内容上。它们有时仅是知识点，有时是层级较低的一般概念，结构化程度并不高，达不到需要持久理解的水平。

③持久理解目标和迁移应用目标的关联性不强。

这个误区与上一个误区有关系，当需要持久理解的内容不是高度结构化的内容，不能体现事物本质时，就无法支持迁移应用目标的达成。或者需要持久理解的核心大概念与迁移应用目标关系不大，不能为知识的迁移应用提供策略和帮助。

④单元目标之间关系不明确。

当一个单元涉及多个知识点、多个概念时，如果没有弄清它们的层级，没有发现它们之间的关系，或者它们与本单元的主题没有关系，那么单元目标就会陷入层级混乱、条理不明的误区。

3. 表述模糊

这往往是目标设计的通病。不论是单元目标还是课时目标，如果表述的内容空洞无物，大而无当，不明确，不具体，不适切，最终就会导致目标形同虚设，无法落实。例如：

①目标表述过于笼统、概括。

描述目标时没有使用具体、量化的语言，用词宏观、宽泛，缺乏细节，不具体。

比如，"培养学生的思维，提高学生的能力"，这样的目标表述，有经验的教师可能会了解其内涵，年轻教师则不好把握，学生更是难以理解。

②目标表述模糊，不清晰。

描述目标时用词不明晰，不精准，理解起来存在歧义，或者模棱两可，导致不同的教师对目标的理解和解读存在偏差，学生对此更是困惑不解。

③目标表述不适切，缺乏可行性。

描述目标时没有充分考虑学生的实际情况和能力水平，导致目标不切实际，无法满足学生的学习需求，无法达到激发、引领学生学习的目的。

二、设计单元活动的误区

设计单元活动，通常是教师的强项，但是设计出有质量的大单元活动，并不容易。教师不仅要有灵活性和创新性，还要转变观念，调整思路，明确进行大单元教学的立意，理解大单元教学的初衷，否则就很容易陷入以下三个误区。

1. 注重形式，缺乏内容

一些教师设计大单元活动时，过于注重外在的表现形式，过于追求形式的新颖和独特，而忽视单元内容的内在逻辑和学生的实际需求，导致活动设计缺乏实质性内容，导致活动目标无法达成。

课堂上，学生态度积极，热烈参与，实际上他们并不知道活动目标是什么，并不知道为什么开展活动，主动思考、积极探索的动机并不强，实际收获并不大。

为避免出现上述情况，可以在设计活动时或者活动实施后，反思以下问题并向学生寻求反馈。

教师反思：

设计该活动的目的是什么？

希望学生通过该活动获得什么？

这个单元的重点内容是什么？

该活动对学生理解重点内容有何帮助？

学生在该活动中所花的时间与学习成效是否相匹配？

向学生寻求反馈：

能否说出为什么要开展这样的课堂活动？

该活动是否帮助你理解了本单元的内容？

通过该活动，你获得了什么，解决了什么问题？

2. 零散随意，缺乏整合

大单元目标设计有缺乏整合思维的误区，大单元活动设计同样存在这样的误区。

在过去的课时教学中，教师经常设计教学活动，考虑到时间的制约，所设计的活动一般较小，学生探究、研讨的时间有限。进行大单元教学的一个初衷就是使学生能够针对较大的主题或项目进行深入思考和探究，以获得深度学习体验，得到知识与技能、情感态度与价值观等多方面的收获。

如果缺乏整合意识，活动依旧零散随意，大单元目标就无法实现，大单元教学也就会失去意义和价值。

对单元活动进行整合，可以遵循以下原则：

①对齐目标：紧扣单元目标，设计单元活动。

②问题定位：关注真实情境，兼顾单元活动的综合性和挑战性。

③评估视角：让单元活动成为实现单元目标的评估证据。

④学生中心：单元活动应该让学生有乐趣，能操作，可选择。

3. 内涵不足，缺乏深度

这一方面表现为所设计的活动，停留在知识点学习和技能训练上，缺乏对知识与技能内涵的深入挖掘；另一方面，表现为所设计的活动，与学生的生活经验和实际需求脱节，缺乏实际应用价值。

陷入上述误区，不仅不能激发学生的好奇心和求知欲，还会导致学生无法将所学知识应用于实际情境中，长此以往，将会影响学生的学习动力和学习质量。

有内涵、有深度的单元活动，是能够引导学生深度思考和探究的活动。大单元的核心问题，体现了学科本质，是能够引发学生持久思考和探究的问题。因此，重视大单元核心问题的设计，充分利用核心问题的导向作用，可以规避上述误区。

在此，应重温《追求理解的教学设计（第二版）》一书中对核心问题特点的描述。①

具有开放性，没有简单而唯一的答案。

具有启发性，能够激发兴趣和探索欲望，引发探讨和辩论。

指向学科内与学科间重要的、可迁移的观点和过程。

能引出新的问题，激发深度探索。

需要的是支撑与论证，而不是答案。

持续并可能在多处重复出现，可以也应该引发一而再地思辨。

三、设计单元评估的误区

对单元评估的设计，教师虽然重视，但不够精细，评估的效度和信度都有待提高，评估方式也需要创新。仅仅依靠课堂观察和单元测试进行评估的思维定式，其本身就是设计单元评估的误区。

1. 评估后置

这个误区是由长期进行课时教学造成的。要克服它，就需要教师改变观念，重新梳理单元教学设计的逻辑，不然依旧会重蹈覆辙。

所谓"评估后置"，就是教学结束后再进行评估。这个逻辑看似合理：没有经过教学过程，评估什么呢？但是仔细斟酌，就会发现：如果教学结束后再评估，发现的问题什么时候补救呢？另外，教学结束后再评估，如何保证所设计的教学过程都是指向单元目标，都是有效的呢？

---

① 核心问题的这些特点是根据威金斯和麦克泰格《追求理解的教学设计（第二版）》一书第120—125页内容概括出来的。

在课时教学中，一节课涉及的内容有限，评估后置，发现问题补救起来相对容易。而在大单元教学的背景下，一个单元会持续多个课时，甚至几周。如果依旧评估后置，出现问题补救起来就很难。

因此，要规避误区，就要将评估后置变为评估前置，即在设计单元活动之前，先设计单元评估。（见图20-1）

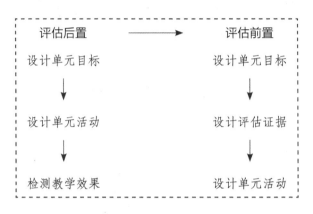

图20-1　评估后置与评估前置

评估前置强调，设计单元目标后，先要设计单元评估，以确定合适的评估证据。如果无法证明单元目标能够实现，就要修改单元目标。只有设计出合适的评估证据，证明单元目标可以实现，接下来才能设计教学和学习的过程。

这样的教学过程才是实现有效评估的过程，此时的每一步教学，都走在通往实现单元目标的路上。这样的教学才是有效的教学。

2.缺失过程性评估

单元评估设计缺失过程性评估，这是比较常见的误区。

过程性评估与终结性评估相对应。教师一般比较重视终结性评估，它是评估学生学习效果的重要手段，通常在学期末或单元教学结束后进行。而过程性评估则是在教学过程中进行，旨在了解学生的学习情况，发现学生学习中的问题，并帮助学生调控学习过程。

在以教为中心的课堂上，教师要讲的内容很多，对学生的学习过程关注不够，对学生在学习过程中使用的方法、策略和表现出来的态度、情感更是很少顾及，因此对过程性评估考虑不多。

大单元教学致力于推进教学方式的变革，倡导学生自主学习，自主探究，因此要围绕学生的学习来设计、实施，此时，过程性评估就变得特别重要。另外，大单元教学通常要持续一段时间，如果缺少对学习过程的了解、对学习过程的监控和管理，不了解学生在学习过程中会出现的问题和困难，就很难保证学生高效学习，也很难保证最终的学习效果。

单元评估设计缺失过程性评估的原因有很多：有的教师不知道这项教学策略；有的教师认为有单元检测就够了；有的教师依旧以自己讲解为主，没有时间进行过程性评估；也有的教师认为这是新事物，不知道怎样进行。实际上，对学生进行过程性评估的方式有很多，比如课堂观察、教师提问、学生自评、课堂小测验、学生作业、小组讨论、学习总结、实验报告等。

需要注意的是，进行过程性评估的目的不是给学生一个分数，而是激励学生成为主动学习者。通过过程性评估，给学生提供及时反馈，让学生知道哪些地方做得好、哪些地方存在问题、哪些地方需要改进、哪些地方需要调整。也就是说，通过过程性评估后的及时反馈、及时调整，确保学生的学习方案不断完善，学习过程不断优化，学习质量不断提升。

3. 不重视评估标准

在设计单元评估时，教师还特别容易陷入过度关注评估方式，过度依赖主观感觉，不重视评估标准的误区。

例如，课堂上经常进行的小组讨论，如果没有评估标准，教师就会随意给出自己的评估结果，缺乏统一性和客观性，容易挫伤学生的积极性。又如，目前提倡的表现性任务，如果没有评估标准，学生就无法判断表现性任务与单元目标之间的关系，也不知道自己完成的任务属于合格水平还是优秀水平，更不知道怎样做才能达到优秀水平。至于常见的单元检测，如果缺乏评估标准，学生就只知道得了多少分，并不知道为什么被扣分、错在哪里，也就无法找到问题，持续改进。

可见，设计单元评估时如果不重视评估标准，就犹如丢失了评估的灵魂。这样，评估者就既不知道应该关注哪些方面，也不知道应该如何评估。况且评估标准的价值不仅体现在其导向性上，明确的评估标准还可以为评估者提供具体的、可测量的依据，帮助学生准确判断自己的学习状况和学习水平，及时调整学习策略。另外，教师还可以借助评估标准，与学生展开有效沟通和交流，让学生了解自己的学习目标和期望，激发学生更强的学习动力。

设计评估标准需要注意以下内容：

①评估标准要与单元目标高度一致。这样可以帮助学生在学习过程中始终聚焦目标，保证评估的有效性。

②评估标准应该考虑学生的个体差异，具有灵活性和包容性，能够满足不同学生的发展需求。

③评估标准应该具有可操作性，聚焦核心内容和关键能力，表述尽量简洁，避免增加评估负担。

④评估标准要与反馈和改进机制相关联。通过及时、具体的反馈，有效帮助学生反思和改进。

参 考 文 献

[1] 钟启泉，崔允漷. 核心素养与教学改革 [M]. 上海：华东师范大学出版社，2018.

[2] 威金斯，麦克泰. 理解为先模式：单元教学设计指南：一 [M]. 盛群力，沈祖芸，柳丰，等译. 福州：福建教育出版社，2018.

[3] 埃里克森，兰宁. 以概念为本的课程与教学：培养核心素养的绝佳实践 [M]. 鲁效孔，译. 上海：华东师范大学出版社，2018.

[4] 夏雪梅. 项目化学习设计：学习素养视角下的国际与本土实践 [M]. 北京：教育科学出版社，2018.

[5] 威金斯，麦克泰格. 追求理解的教学设计：第二版 [M]. 闫寒冰，宋雪莲，赖平，译. 上海：华东师范大学出版社，2017.

[6] 麦克道尔. 为迁移而教：现实生活应用型学习设计指南 [M]. 盛群力，马云飞，朱婧，等译. 杭州：浙江科学技术出版社，2023.

[7] 希尔. 设计与运用表现性任务：促进学生学习与评估 [M]. 杜丹丹，杭秀，译. 福州：福建教育出版社，2019.

[8] 查普伊斯 J，斯蒂金斯，查普伊斯 S，等. 促进学习的课堂评价：做得对 用得好：第二版 [M]. 赵士果，译. 上海：华东师范大学出版社，2021.

[9] 美国巴克教育研究院项目式学习计划. 项目式学习指导手册：每个教师都能做 PBL：中学版 [M]. 潘春雷，陆颖，译. 北京：中国人民大学出

版社，2023.

[10] 刘徽. 大概念教学：素养导向的单元整体设计 [M]. 北京：教育科学出版社，2022.

[11] 哈蒂，克拉克. 可见的学习：反馈的力量 [M]. 伍绍杨，译. 北京：教育科学出版社，2021.

[12] 章巍. 大概念教学 15 讲 [M]. 北京：中国人民大学出版社，2023.

[13] 莫斯，布鲁克哈特. 聚焦学习目标：帮助学生看见每天学习的意义 [M]. 沈祖芸，译. 福州：福建教育出版社，2020.

[14] 马扎诺，皮克林. 培育智慧才能：学习的维度教师手册 [M]. 盛群力，何晔，张慧，等译. 福州：福建教育出版社，2015.

[15] 马淑风，杨向东. 促进高阶思维发展的合作推理式学习 [J]. 教育发展研究，2021(24)：64-73.

后 记

关于大单元教学设计，从"是什么""为什么"到"怎么做"，已写了 20 讲，似乎形成了闭环。但是收笔的那一刻，我并未感到轻松。

我担心贯穿全书的"核心素养""问题解决""迁移应用"这些词语，由于高频出现反而让人熟视无睹，也担心人们对书中大单元、大概念、大任务等一系列"大"产生畏惧。

然而，当我修改书稿，重读其中的内容与案例时，这种担心一下子荡然无存了。

书中提供了数十个大大小小的案例。这些案例也许不完美，但是透过它们，我感受到了老师们对课堂教学改革的深厚情感和饱满激情，感受到了老师们对新事物的求知欲和无穷的创造力。透过它们，我似乎看到了课堂上师生精彩的对话，看到了学生沉思专注的神态和充满享受的笑脸。

诚然，大单元教学设计对教师提出了更高的要求，但是，还有什么能比看到学生的进步和成长更让人欣慰的呢？更何况，每越过一个挑战，每克服一项困难时，我们同样能看到自己教育教学的日益精进。

在课堂上，我们常常提醒学生，只是听可不行，这样非常容易忘记；只有动手做，才能理解，才会运用。大单元教学设计也是如此，不能局限于听一听、看一看，也不要被各种名词术语束缚，先动手做起来最重要。

书中每一讲开篇，都提供了几个问题。这些问题常常就是教学的痛点、难点和困惑点，也是我们开始做的切入点。如果一开始做不了太大的单元，可以先做稍微小一点儿的单元；如果不能连续做，可以先一个学期尝试做一个单元；即使一个单元也做不了，还是一课时一课时地教学，如果能融入大单元教学设计的思想，直面生活中的真实问题，聚焦大概念，尽可能为学生提供学习体验，课堂同样会发生改变。

实践是检验真理的唯一标准，在探索落实核心素养的路上，让我们一起在做中学！

最后，诚挚地感谢提供案例的老师们，感谢源创图书的张万珠先生，感谢我的家人，没有他们的鼓励和支持、关怀和照顾，我很难从容写作并享受写作过程。

图书在版编目（CIP）数据

大单元教学设计 20 讲 / 王春易著 . -- 北京：中国
人民大学出版社，2024.8. -- ISBN 978 - 7 - 300 - 33076 - 1

Ⅰ. G42

中国国家版本馆 CIP 数据核字第 2024MA2783 号

大单元教学设计 20 讲

王春易　著

Dadanyuan Jiaoxue Sheji 20 Jiang

出版发行	中国人民大学出版社				
社　　址	北京中关村大街 31 号		**邮政编码**	100080	
电　　话	010 - 62511242（总编室）		010 - 62511770（质管部）		
	010 - 82501766（邮购部）		010 - 62514148（门市部）		
	010 - 62515195（发行公司）		010 - 62515275（盗版举报）		
网　　址	http://www.crup.com.cn				
经　　销	新华书店				
印　　刷	北京华宇信诺印刷有限公司				
开　　本	720 mm × 1000 mm　1/16		**版　　次**	2024 年 8 月第 1 版	
印　　张	17　插页 1		**印　　次**	2025 年 7 月第 4 次印刷	
字　　数	210 000		**定　　价**	68.00 元	